VBSE跨专业综合实训工作手册

主　编　陈秀秀　赵　燕

扫码申请资源

南京大学出版社

图书在版编目(CIP)数据

VBSE 跨专业综合实训工作手册 / 陈秀秀，赵燕主编. — 南京：南京大学出版社，2021.3(2024.8 重印)

ISBN 978-7-305-24495-7

Ⅰ. ①V… Ⅱ. ①陈… ②赵… Ⅲ. ①财务软件—高等职业教育—教材 Ⅳ. ①F232

中国版本图书馆 CIP 数据核字(2021)第 098138 号

出版发行　南京大学出版社
社　　址　南京市汉口路 22 号　　　邮　　编　210093

书　　名　VBSE 跨专业综合实训工作手册
　　　　　VBSE KUA ZHUANYE ZONGHE SHIXUN GONGZUO SHOUCE
主　　编　陈秀秀　赵　燕
责任编辑　武　坦　　　编辑热线　025-83592315

照　　排　南京开卷文化传媒有限公司
印　　刷　苏州工业园区美柯乐制版印务有限责任公司
开　　本　787×1092　1/16　印张 13.25　字数 322 千
版　　次　2021 年 3 月第 1 版　2024 年 8 月第 3 次印刷
ISBN 978-7-305-24495-7
定　　价　62.00 元

网　　址：http://www.njupco.com
官方微博：http://weibo.com/njupco
微信服务号：njuyuexue
销售咨询热线：(025)83594756

前　言
Foreword

当今社会急需具有创新精神和实践能力的高素质、复合型、应用型人才，要求学生具有全局意识，善于沟通、协调和配合。近年来，各学校在实践教学模式上进行了各种有益的尝试和实践，取得了许多宝贵的经验，构建起单项实训、单专业综合实训、顶岗实习的实践教学体系。但这无法使学生了解组织业务的全貌，因此全流程、全仿真、对抗式的跨专业综合实训受到教师和学生的热烈欢迎和喜爱，它增强了学生对企业组织、业务流程的深入了解，训练学生的综合执行能力、综合决策能力和创新创业能力，培养了学生的综合职业素养。

跨专业综合实训采用新道科技股份有限公司研发的“虚拟商业社会环境 VBSE”平台。基于该平台开展的实训遵循“把企业搬进校园”的理念，建立制造企业、工贸企业、商贸企业、会计师事务所、银行、税务局、工商局等高仿真的组织，营造一个微型经济社会环境。学生按照现实工作岗位要求，模拟企业运营与管理，在校期间就能够体会到真实的商业场景。此实训课程打破学生对未来工作岗位的陌生感与神秘感，为学生大胆踏入社会、成功实现就业打下良好的基础。

由于课程涉及面广，涵盖内容复杂，为了满足课程实训教学的需要，我们在前期编写出版的《智慧商科多专业综合实训教程》《智慧商科多专业综合实训指导》等教材的基础上组织编写了本书。本书基于“虚拟商业社会环境 VBSE”平台，秉承“教、学、做”一体化理念，开拓性地采用新型活页式、工作手册式的方式进行编排，方便教师进行模块化教学、个性化授课。真实商业模拟实训是思想政治教育的“富矿”，每一个实践活动环节都含有情感、态度、价值观的教育思政点。本书以“企业岗位(群)任职要求、职业标准、工作过程”作为主体内容，将“立德树人、课程思政”等思政素养教学资源有机融入教材，实现教材的多功能作用。

本书按照“以学生为中心、学习成果为导向、促进自主学习”的思路进行开发设计，弱化“教学材料”的特征，强化“学习资料”的功能，通过教材引领，构建深度学习管理体系。例如，跨专业综合实训中涉及工贸企业、制造企业、商贸企业三种组织类型的采购与付款业务实践，他们有相同或类似的规则，因此本书重点介绍了制造企业采购与付款业务，另外两种组织类型的采购与付款业务均以二维码的形式呈现，学习者可通过微信扫码，随扫随学，完成线下和线上学习的自由转换。类似这种内容编排在本书中比比皆是，本书充分发挥了信息技术在教育教学中的优势，培养学生自主学习、举一反三的素养。

本书按照组织业务开展顺序和业务类型对平台中的任务进行梳理，设计了课程导学、实训准备、供产销仿真实训、组织内部日常业务、自主经营五个项目。针对每一类业务，详细地介绍了业务流程和业务操作步骤，做到了既能鸟瞰全局，又能顾全细节。其中项目一、项目二、项目三由陈秀秀编写，项目四、项目五由赵燕编写，由于写作时间和写作水平有限，书中难免存在不足与疏漏，欢迎广大读者多提宝贵建议，以期日后提高完善，相关意见与建议可直接发送邮件至 274576822@qq.com 进行交流。

编　者

2021 年 2 月

目　录
Contents

项目一
课程导学

任务一　课程概览

任务背景

随着经济社会的发展，企业对人才的要求越来越趋向高素质、复合型、应用型人才。目前，由于各种原因，学生并不能真正地参与到顶岗实习企业的经营和管理中。跨专业综合实训就是学生通过模拟工作来体会企业整体运营相关各职位工作岗位、体会企业、行业、经济社会运营规则，从而培养学生的职业意识，提高学生的职业能力和综合实践能力。

任务目标

1. 熟悉跨专业综合实训培养目标。
2. 熟悉跨专业综合实训主要内容。
3. 了解跨专业综合实训课程特色。
4. 了解跨专业综合实训实训要求。

知识解析

一、课程培养的目标

按照知识经济时代对管理人才的全新定义，学生不但需要具备胜任某一个专业所对应岗位与岗位群的工作所需要的能力，还需要具备从事相近、相关专业所对应岗位与岗位群的工作所需要的能力。传统的学科体系培养的学生，就像图 1.1 中的这只蛙，每人都挖了不同深度的一口专业井。可以理解，学校按照学科划分专业是为了方便教学实施，强化专业性，让每个人“学有所长”；但不可避免地会造成学生从职能、专业的角度片面地看待问题，相对我们所生存的商业社会环境“只见树木不见森林”。飞速发展的信息技术把我们带入一个新时代，具有“知识＋技术＋综合素质＋创新精神”的“宽专多能”式人才更受企业青睐。

图 1.1　一口专业井与新新时代人

跨专业综合实训是基于 VBSE(虚拟商业社会环境)软件开设的一门不同专业、班级学生共同参与的综合实训课程,为行将就任岗位工作的上岗者提供的一个综合实训课程。综合实训的基本目标定位是培养高潜质、有全局观的实务型岗位人员。这个目标通过以下几个逐级递进的设计来实现:

(1) 能够按照业务岗位要求填报与完整业务流程相关的单据、表格,熟悉岗位常用表单的作用及填制方法。

(2) 理解岗位业务动作背后的处理逻辑及对其他业务可能造成的影响。

(3) 结合实际业务理解业务流程和岗位的业务策略和管理理论。

(4) 能够针对新的管理目标综合应用管理知识,提出对业务的优化建议。

学生通过反复练习,进而形成自然的、符合现实经济活动要求的行为方式、智力活动方式和职业行为能力,达到全面体验岗位职位要求、胜任岗位工作的初级目标。通过在不同职业岗位"工作",训练学生从事经济管理的综合执行能力、综合决策能力和创新创业能力,感悟复杂市场环境下的企业经营,学会工作,学会思考,培养全局意识和综合职业素养。

二、课程的主要内容

跨专业综合实训是一个仿真现代制造业与现代服务业运行环境的模拟经营与管理综合实训课程,它以制造企业为核心,在虚拟的市场环境、商务环境、政务环境和公共服务环境中,根据现实工作业务内容、管理流程、单据,结合教学设定的业务规则,将经营模拟与现实工作接轨,进行仿真经营和业务运作,可进行宏观微观管理、多人协同模拟经营和多组织对抗。

跨专业综合实训通过模拟企业运营,训练学生在仿真环境中运用已经掌握的专业知识。通过在不同职业岗位"工作",训练学生从事经济管理的综合执行能力、综合决策能力和创新创业能力,感悟复杂市场环境下的企业经营,学会工作、学会思考,培养全局意识和综合职业素养。跨专业综合实训的教学活动不只面向某个专业,而是关注行业、企业、岗位、任务的工作过程的训练。既要求体验环境,又要求完成决策,同时还要求执行各种经验管理岗位的任务，达到决策、执行、体验三位一体的实践教学目标。

跨专业综合实训是通过在校园内搭建企业运作的仿真环境，设置企业运作的职能部门，让学生在自主选择的工作岗位上通过完成典型的岗位工作任务、学会基于岗位的基本业务处理，体验基于岗位的业务决策，理解岗位绩效与组织绩效之间的关系；真实感受企业物流、信息流、资金流的流动过程；全面认知企业经营管理活动过程和主要业务流程；体验企业内部门间的协作关系及其与企业外围相关经济组织与管理部门之间的业务关联。通过实习，达到全面体验岗位职位要求，胜任岗位工作的初级目标。跨专业综合实训以经管类专业人才综合能力培养与工科专业学生商科素养提升为主要培养目标，以创新管理人才培养模式为切入点，可使受训者在一个相对短的时间内充分运用所学的现代管理理论和方法，进行现代企业经营管理的实践性尝试，获得在实际工作中需要若干年才能体验到的经验，缩短了人才培养的周期，探索了一条有效培养综合素质人才的新途径。

跨专业综合实训可以解决高等院校普遍存在的实习难的根本问题；可以有效检验学生专业知识的掌握程度和对知识的综合运用能力；培养学生的沟通能力、协调能力、分析和解决问题的能力。

三、课程特色

（一）自主式学习

满堂灌的填鸭式教学方式压抑了人作为主体的能动性。跨专业综合实训采用开放式教学设计，以任务为引领，极大限度地激发了个人潜能，以学生为主体，倡导自主学习，学以致用，以“用”促学，边“用”边学，学“用”结合。教师不再作为教学活动的主体，而是作为跨专业综合实训内容的设计者和指导者。

（二）全仿真设计

1. 机构仿真

跨专业综合实训包含了制造业、服务业、行政管理机构等多种形态的仿真组织，每个机构中提炼了关键的职能部门和主要的工作岗位，构建了完整的虚拟商业社会环境。

2. 环境仿真

现代企业组织无外乎两种管理环境，传统手工管理和信息化管理。跨专业综合实训中涵盖了企业组织从手工管理到信息化实施到信息化管理的完整设计，使受训者深刻体验到两种管理环境下业务流程及工作要求的不同。

3. 流程仿真

跨专业综合实训依托的VBSE软件是作为全国领先的管理软件公司新道科技股份有限公司研发设计，公司所在的用友集团拥有几十万各行各业的优质客户，丰富的资源库支撑了管理流程和业务流程的提炼。

4. 业务仿真

跨专业综合实训以岗位胜任为第一目标，针对实习岗位提炼了近百个关键任务和日常工作任务，懂业务才能会管理，针对每项任务，均有任务流程及执行的指导。

（三）跨专业应用

不同的专业培养不同方向的专门人才，跨专业综合实训中可以支撑工商管理、财务、市场营销、信息管理、金融、贸易、工业工程等多专业综合实习。每个专业的同学可以自主选择自己的工作岗位，并和企业中其他部门同仁一起协同工作，共同为企业创造价值。

（四）多层级目标

跨专业综合实验中心的教学活动不指向某个专业，而是关注行业、企业、岗位、任务的工作过程的训练。既要求体验环境，又要求完成决策，同时还要求执行各种经验管理岗位的任务，达到决策、执行、体验三位一体的实践教学目标。

（五）对抗性竞争

跨专业综合实训可以设定多个相同性质的组织，营造一个竞争的氛围，有利于激发大家的“斗志”，发挥自己的“潜能”。细节设计体现在：

(1) 效率。现代社会追求快节奏和高效率。跨专业综合实训中记录了每个岗位任务的完成时间和整个企业的运营时间作为描述效率的指标之一。

(2) 效益。每个员工的绩效考核是和企业的整体绩效、部门的绩效分不开的，企业管理全景仿真中以绩效目标为引领，将岗位工作与绩效融合在一起。

四、实训要求

“护士没吃饭”这句话引发的思考

（一）做好“职业角色”

接任某一个岗位工作后，要按一个真正职业人的角色要求自己，按时出勤，遵守企业的各项管理制度和工作规范，做好上级分派的每一项任务，学会与人共事，协同工作，“干一行，爱一行”。

（二）学会自主学习

为了实现跨专业综合实训开放自主、师生互动的设计理念，实训系统中配套了多种辅助教学资源，包括针对岗位的实习指导手册、形式多样的学习课件、灵活开放的任务引领等，为自主学习创造了资源环境。学会学习是新时代对职业人的基本要求，是发展自我、不断超越的必要条件。

（三）注重分享创新

跨专业综合实训鼓励分享与创新。实习的每一天都会给不同岗位的同学分派不同的工作，在完成工作的过程中不可避免地会遇到各种问题，可以通过自我学习来攻关，也可以同行之间相互交流寻找解决方案，也可以获取外部帮助，通过分享累积自己的成就感，建立自信心。在熟悉岗位工作的基础上可以提出使企业经营更有效率和有助于提高企业效益的创新方案，可以是基于岗位工作的业务创新，也可以是业务流程完善创新或者企业制度改革创新，只要你有所作为，都会真实地反映到实习成绩中。

（四）记录个人成长

实习期也是每个实习者的快速成长期，每天面对新任务、解决新问题，辛苦而充实，“痛”并快乐着。这是一段难忘的人生经历，就像写真要留下青春的靓照一样，岗位工作日志是对每天工作的总结；实习报告是实习结束时要提交的一个全面反映实习收获的文档，也是我们送给自己的一份厚重的相簿。

任务二　课程任务与岗位

任务背景

跨专业综合实训提供模拟实习的引导系统和相关教学环境，让学生在自主选择的工作岗位上通过完成典型的岗位工作任务、学会基于岗位的基本业务处理，体验基于岗位的业务决策，理解岗位绩效与组织绩效之间的关系；真实感受企业物流、信息流、资金流的流动过程；全面认知企业经营管理活动过程和主要业务流程；体验企业内部门间的协作关系及其与企业外围相关经济组织与管理部门之间的业务关联。

任务目标

1. 了解跨专业综合实训主要任务。
2. 了解跨专业综合实训任务关系。

知识解析

一、实训主要任务

任务大纲列表

跨专业综合实训通过系统推送的采购、生产、销售等主要任务，再现了与制造业紧密相关的其他经济组织的业务活动，这些任务，按照日期分组织、分岗位进行推送，不同的组织和岗位，看到的任务可能不同。课程总体任务模块包括团队组建、工作交接、经营准备、月初经营、月末经营。

青年兴则国家兴，青年强则国家强

团队组建环节需要学生结合自身专业与性格特点，并根据各组织岗位内容组建团队，团队成立以后，才可以进行正式的企业运营。表 1.1 为团队组建任务列表。

表 1.1　团队组建任务列表

虚拟日期	任务对象	任务名称	任务列表
1 月 5 日	全组织	团队组建	实习动员
			系统操作培训
			CEO 候选人报名
			CEO 候选人竞选演讲
			投票选举 CEO
			了解各组织岗位招聘需求
			现场招聘团队组建
			员工上岗
			ARE 虚拟商业环境认知

上岗交接环节是在团队组建之后，每个团队均接手一个组织，团队成员需要了解每个组织的运营规则、企业资源等信息，扎实的上岗交接任务可以为后面组织运营打下扎实的基础。表 1.2 为上岗交接任务列表。

表 1.2　上岗交接任务列表

虚拟日期	任务对象	任务名称	任务列表
1 月 5 日	全组织	上岗交接	了解各岗位职责
			熟悉企业规则
			分发办公用品
			查看办公用品清单
			各岗位工作交接
			收集各企业基本存款账户和银行预留签章
			学习公司注册流程
			虚拟商业社会行政管理制度编制（市场监督管理局）
			虚拟商业社会社会保障制度编制（人社局）

经营准备环节主要任务是相关组织的采购任务、制造业的生产计划任务、经销商的是市场开拓任务、制造业的质量认证工作等，该环节所有任务的操作时间是 1 月 5 日。表 1.3 为经营准备主要任务列表。

表 1.3　经营准备主要任务列表

所属组织	任务编号	学生任务名称	发起人	类　别
工贸企业	TCG1	下达采购订单(工贸企业)	业务经理(工贸)	1 工贸采购付款闭环
工贸企业	TCG2	支付虚拟工贸企业货款(工贸企业)	业务经理(工贸)	1 工贸采购付款闭环
制造业	MCG1	与工贸企业签定购销合同(制造业)	采购员(制造业)	2 制造业采购付款闭环
工贸企业	MCG2	与制造业签订购销合同(工贸企业)	业务经理(工贸)	2 制造业采购付款闭环
制造业	MCG3	录入采购订单(制造业)	采购员(制造业)	2 制造业采购付款闭环
工贸企业	MCG4	确认制造业的采购订单(工贸企业)	业务经理(工贸)	2 制造业采购付款闭环
制造业	MSC1	整理销售需求(制造业)	销售专员(制造业)	3 制造业生产闭环
制造业	MSC2	编制主生产计划(制造业)	生产计划员(制造业)	3 制造业生产闭环
制造业	MSC3	编制物料净需求计划(制造业)	生产计划员(制造业)	3 制造业生产闭环
经销商	DCG1	与制造业签订购销合同(经销商)	采购经理(经销商)	4 制造业销售收款闭环
制造业	DCG2	与经销商签定购销合同(制造业)	销售专员(制造业)	4 制造业销售收款闭环
经销商	DCG3	录入采购订单(经销商)	采购经理(经销商)	4 制造业销售收款闭环
制造业	DCG4	确认经销商的采购订单(制造业)	销售专员(制造业)	4 制造业销售收款闭环
经销商	DYX1	申请和办理市场开拓(经销商)	营销经理(经销商)	5 经销商产品销售
经销商	DYX2	收到市场开拓费发票(经销商)	营销经理(经销商)	5 经销商产品销售
经销商	DYX3	支付市场开拓费(经销商)	营销经理(经销商)	5 经销商产品销售
经销商	DYX4	申请和办理广告投放(经销商)	营销经理(经销商)	5 经销商产品销售
经销商	DYX5	收到广告费发票(经销商)	营销经理(经销商)	5 经销商产品销售
经销商	DYX6	支付广告投放费用(经销商)	营销经理(经销商)	5 经销商产品销售

续 表

所属组织	任务编号	学生任务名称	发起人	类 别
制造业	MKK1	批量办理个人银行卡(制造业)	人力资源助理(制造业)	人-薪酬
经销商	DKK1	批量办理个人银行卡(经销商)	行政经理(经销商)	人-薪酬
工贸企业	TKK1	批量办理个人银行卡(工贸企业)	行政经理(工贸)	人-薪酬
制造业	MXC2	发放薪酬(制造业)	人力资源助理(制造业)	人-薪酬
经销商	DXC2	发放薪酬(经销商)	行政经理(经销商)	人-薪酬
工贸企业	TXC2	发放薪酬(工贸企业)	行政经理(工贸)	人-薪酬
制造业	MGS1	申报个人所得税(制造业)	人力资源助理(制造业)	人-个人所得税
经销商	DGS1	申报个人所得税(经销商)	行政经理(经销商)	人-个人所得税
工贸企业	TGS1	申报个人所得税(工贸企业)	行政经理(工贸)	人-个人所得税
制造业	MJK1	企管部借款(制造业)	行政助理(制造业)	财-借款
制造业	MJK2	人力资源部借款(制造业)	人力资源助理(制造业)	财-借款
制造业	MJK3	采购部借款(制造业)	采购员(制造业)	财-借款
制造业	MJK4	营销部借款(制造业)	销售专员(制造业)	财-借款
制造业	MJK5	仓储部借款(制造业)	仓管员(制造业)	财-借款
制造业	MJK6	生产计划部借款(制造业)	生产计划员(制造业)	财-借款
经销商	DJK1	企管部借款(经销商)	行政经理(经销商)	财-借款
经销商	DJK2	营销部借款(经销商)	营销经理(经销商)	财-借款
经销商	DJK3	采购部借款(经销商)	采购经理(经销商)	财-借款
经销商	DJK4	仓储部借款(经销商)	仓储经理(经销商)	财-借款
工贸企业	TJK1	企管部借款(工贸企业)	行政经理(工贸)	财-借款
工贸企业	TJK2	业务部借款(工贸企业)	业务经理(工贸)	财-借款
制造业	MZZ1	申报企业增值税(制造业)	财务经理(制造业)	财-增值税
经销商	DZZ1	申报企业增值税(经销商)	财务经理(制造业)	财-增值税

续　表

所属组织	任务编号	学生任务名称	发起人	类　别
工贸企业	TZZ1	申报企业增值税(工贸企业)	财务经理(工贸)	财-增值税
制造业	MRZ1	申请和办理 ISO 9000 认证(制造业)	生产计划经理(制造业)	物-认证
制造业	MRZ2	收到 ISO 9000 认证发票(制造业)	生产计划员(制造业)	物-认证
制造业	MRZ3	支付 ISO 9000 认证费(制造业)	生产计划员(制造业)	物-认证
物流企业	MYS1	与制造业签订运输合同(物流)	业务经理(物流)	物-合同
制造业	MYS2	与物流公司签订运输合同(制造业)	仓管员(制造业)	物-合同
物流企业	DYS1	与经销商签订运输合同(物流)	业务经理(物流)	物-合同
经销商	DYS2	与物流公司签订运输合同(经销商)	仓储经理(经销商)	物-合同
制造业	MGZ1	签订代发工资协议(制造业)	人力资源经理(制造业)	物-协议
经销商	DGZ1	签订代发工资协议(经销商)	行政经理(经销商)	物-协议
工贸企业	TGZ1	签订代发工资协议(工贸企业)	行政经理(工贸)	物-协议
制造业	MSB1	签订社保公积金同城委托收款协议	财务经理(制造业)	物-协议
经销商	DSB1	签订社保公积金同城委托收款协议	行政经理(经销商)	物-协议
工贸企业	TSB1	签订社保公积金同城委托收款协议	行政经理(工贸)	物-协议
制造业	MSS1	签订税务同城委托收款协议	财务经理(制造业)	物-协议
经销商	DSS1	签订税务同城委托收款协议	行政经理(经销商)	物-协议
工贸企业	TSS1	签订税务同城委托收款协议	行政经理(工贸)	物-协议

月初经营任务涉及产品生产、税收申报等工作，该环节所有任务的操作时间是 1 月 5 日。表 1.4 为月初经营主要任务列表。

表1.4 月初经营主要任务列表

所属组织	任务编号	学生任务名称	发起人	类别
工贸企业	TCG3	到货并办理入库(工贸企业)	业务经理(工贸)	1工贸采购付款闭环
工贸企业	MCG5	准备发货并通知制造业取货(工贸企业)	业务经理(工贸)	2制造业采购付款闭环
制造业	MCG6	接到发货单准备取货(制造业)	采购员(制造业)	2制造业采购付款闭环
制造业	MCG7	向物流下达运输订单(制造业)	仓管员(制造业)	2制造业采购付款闭环
物流企业	MCG8	受理制造业运输订单(物流)	业务经理(物流)	2制造业采购付款闭环
物流企业	MCG9	去工贸企业取货并开发票(物流)	总经理(物流)	2制造业采购付款闭环
工贸企业	MCG10	给制造业办理出库并开发票(工贸企业)	业务经理(工贸)	2制造业采购付款闭环
物流企业	MCG11	装车发运给制造业(物流)	业务经理(物流)	2制造业采购付款闭环
制造业	MSC4	派工领料-车架	生产计划员(制造业)	3制造业生产闭环
制造业	MSC5	派工领料-童车	生产计划员(制造业)	3制造业生产闭环
制造业	DCG5	下达发货通知给经销商(制造业)	销售专员(制造业)	4制造业销售收款闭环
经销商	DCG6	接到发货通知单(经销商)	采购经理(经销商)	4制造业销售收款闭环
经销商	DCG7	向物流下达运输订单(经销商)	仓储经理(经销商)	4制造业销售收款闭环
物流企业	DCG8	受理经销商运输订单(物流)	业务经理(物流)	4制造业销售收款闭环
物流企业	DCG9	去制造业取货并开发票(物流)	总经理(物流)	4制造业销售收款闭环
制造业	DCG10	给经销商办理出库并开发票(制造业)	仓管员(制造业)	4制造业销售收款闭环
物流企业	DCG11	装车发运给经销商(物流)	业务经理(物流)	4制造业销售收款闭环
经销商	DYX7	查看虚拟销售订单(经销商)	营销经理(经销商)	5经销商产品销售
服务公司	DYX8	组织经销商竞单(服务公司)	总经理(服务公司)	5经销商产品销售

续 表

所属组织	任务编号	学生任务名称	发起人	类 别
经销商	DYX9	查看竞单结果(经销商)	营销经理(经销商)	5 经销商产品销售
经销商	DYX10	给虚拟经销商发货(经销商)	营销经理(经销商)	5 经销商产品销售
经销商	DYX11	给虚拟经销商办理出库并开发票	仓储经理(经销商)	5 经销商产品销售
制造业	MGS2	缴纳个人所得税(制造业)	出纳(制造业)	人-个人所得税
经销商	DGS2	缴纳个人所得税(经销商)	出纳(经销商)	人-个人所得税
工贸企业	TGS2	缴纳个人所得税(工贸企业)	总经理(工贸)	人-个人所得税
制造业	MWX1	扣缴制造业五险一金	出纳(制造业)	财-人-五险一金
经销商	DWX1	扣缴经销商五险一金	出纳(经销商)	财-人-五险一金
工贸企业	TWX1	扣缴工贸企业五险一金	财务经理(工贸)	财-人-五险一金
制造业	MZZ2	缴纳企业增值税(制造业)	财务经理(制造业)	财-增值税
经销商	DZZ2	缴纳企业增值税(经销商)	财务经理(经销商)	财-增值税
工贸企业	TZZ2	缴纳企业增值税(工贸企业)	财务经理(工贸)	财-增值税

月末经营涉及产品与半成品完工入库、月末折旧与成本核算、月末水电费等任务,该环节所有任务的操作时间是 1 月 25 日。表 1.5 为月末经营主要任务列表。

表 1.5 月末经营主要任务列表

所属组织	任务编号	学生任务名称	发起人	类 别
物流企业	MCG12	运货到制造业(物流)	业务经理(物流)	2 制造业采购付款闭环
制造业	MCG13	到货并办理入库(制造业)	仓管员(制造业)	2 制造业采购付款闭环
制造业	MCG14	支付运输费(制造业)	仓管员(制造业)	2 制造业采购付款闭环

续 表

所属组织	任务编号	学生任务名称	发起人	类 别
制造业	MCG15	支付工贸企业货款(制造业)	采购员(制造业)	2 制造业采购付款闭环
物流企业	MCG16	收到制造业运费业务回单(物流)	总经理(物流)	2 制造业采购付款闭环
工贸企业	MCG17	收到制造业货款银行回单(工贸企业)	业务经理(工贸企业)	2 制造业采购付款闭环
制造业	MSC6	车架完工入库(制造业)	车间管理员(制造业)	3 制造业生产闭环
制造业	MSC7	整车完工入库(制造业)	车间管理员(制造业)	3 制造业生产闭环
物流企业	DCG12	送货到经销商(物流)	业务经理(物流)	4 制造业销售收款闭环
经销商	DCG13	到货并办理入库(经销商)	仓储经理(经销商)	4 制造业销售收款闭环
经销商	DCG14	收到运输费发票并支付(经销商)	仓储经理(经销商)	4 制造业销售收款闭环
经销商	DCG15	收到制造业发票并支付(经销商)	采购经理(经销商)	4 制造业销售收款闭环
物流企业	DCG16	收到经销商运费业务回单(物流)	总经理(物流)	4 制造业销售收款闭环
制造业	DCG17	收到经销商货款银行回单(制造业)	出纳(制造业)	4 制造业销售收款闭环
经销商	DYX12	收到虚拟经销商货款(经销商)	营销经理(经销商)	5 经销商产品销售
制造业	MSC1	整理销售需求(制造业)	销售专员(制造业)	制造业生产闭环(2)
制造业	MSC2	编制主生产计划(制造业)	生产计划员(制造业)	制造业生产闭环(2)
制造业	MSC3	编制物料净需求计划(制造业)	生产计划员(制造业)	制造业生产闭环(2)
制造业	MSC4	派工领料-车架	生产计划员(制造业)	制造业生产闭环(2)
制造业	MSC5	派工领料-童车	生产计划员(制造业)	制造业生产闭环(2)
制造业	MXC1	核算薪酬(制造业)	人力资源助理(制造业)	人-薪酬

续　表

所属组织	任务编号	学生任务名称	发起人	类　别
经销商	DXC1	核算薪酬(经销商)	行政经理(经销商)	人-薪酬
工贸企业	TXC1	核算薪酬(工贸企业)	行政经理(工贸企业)	人-薪酬
制造业	MZZ3	认证增值税抵扣联(制造业)	财务会计(制造业)	财-增值税
经销商	DZZ3	认证增值税抵扣联(经销商)	财务经理(经销商)	财-增值税
工贸企业	TZZ3	认证增值税抵扣联(工贸企业)	财务经理(工贸企业)	财-增值税
制造业	MSD1	报送车间电费并收到服务公司的发票	车间管理员(制造业)	财
制造业	MSD2	支付车间电费(制造业)	车间管理员(制造业)	财
制造业	MZJ1	计提折旧(制造业)	财务会计(制造业)	财
经销商	DZJ1	计提折旧(经销商)	财务经理(经销商)	财
工贸企业	TZJ1	计提折旧(工贸企业)	财务经理(工贸企业)	财
制造业	MCB1	成本核算(制造业)	成本会计(制造业)	物
制造业	MCH1	销售成本核算(制造业)	财务会计(制造业)	财
经销商	DCH1	存货核算(经销商)	财务经理(经销商)	物
工贸企业	TCH1	存货核算(工贸企业)	财务经理(工贸企业)	物
制造业	MQM1	期末账务处理(制造业)	成本会计(制造业)	财
经销商	DQM1	期末账务处理(经销商)	财务经理(经销商)	财
工贸企业	TQM1	期末账务处理(工贸企业)	财务经理(工贸企业)	财
制造业	MZC1	编制资产负债表(制造业)	财务经理(制造业)	财

续 表

所属组织	任务编号	学生任务名称	发起人	类 别
经销商	DZC1	编制资产负债表(经销商)	财务经理(经销商)	财
工贸企业	TZC1	编制资产负债表(工贸企业)	财务经理(工贸企业)	财
制造业	MLR1	编制利润表(制造业)	财务经理(制造业)	财
经销商	DLR1	编制利润表(经销商)	财务经理(经销商)	财
工贸企业	TLR1	编制利润表(工贸企业)	财务经理(工贸企业)	财

系统推送的任务往往由多个步骤组成,每个步骤需要多组织、多岗位分工合作完成。以制造业采购付款闭环为例,该任务共涉及 17 个步骤(见表 1.6),这 17 个步骤共同组成了制造业采购付款闭环的全流程(见图 1.21)。

表 1.6 制造业采购付款闭环

任务环节	任务编号	学生任务名称
1 月 5 日 经营准备	MCG1	与工贸企业签订购销合同(制造业)
	MCG2	与制造业签订购销合同(工贸企业)
	MCG3	录入采购订单(制造业)
	MCG4	确认制造业的采购订单(工贸企业)
1 月 5 日 月初经营	MCG5	准备发货并通知制造业取货(工贸企业)
	MCG6	接到发货单准备取货(制造业)
	MCG7	向物流下达运输订单(制造业)
	MCG8	受理制造业运输订单(物流)
	MCG9	去工贸企业取货并开发票(物流)
	MCG10	给制造业办理出库并开发票(工贸企业)
	MCG11	装车发运给制造业(物流)
1 月 25 日 月末经营	MCG12	运货到制造业(物流)
	MCG13	到货并办理入库(制造业)
	MCG14	支付运输费(制造业)
	MCG15	支付工贸企业货款(制造业)
	MCG16	收到制造业运费业务回单(物流)
	MCG17	收到制造业货款银行回单(工贸企业)

17 个步骤分布在经营准备(1 月 5 日)、月初经营(1 月 5 日)、月末经营(1 月 25 日)三个环节,即经过一个虚拟日。每个任务均有任务编号,编号命名规则为“任务简称+数字”,如 MCG2 任务编号中的 M 为制造业简称,CG 为采购拼音缩写,2 为制造业采购付款闭环的第二个步骤。同样的,其他各环节任务编号中的 T 代表工贸企业,D 代表经销商。

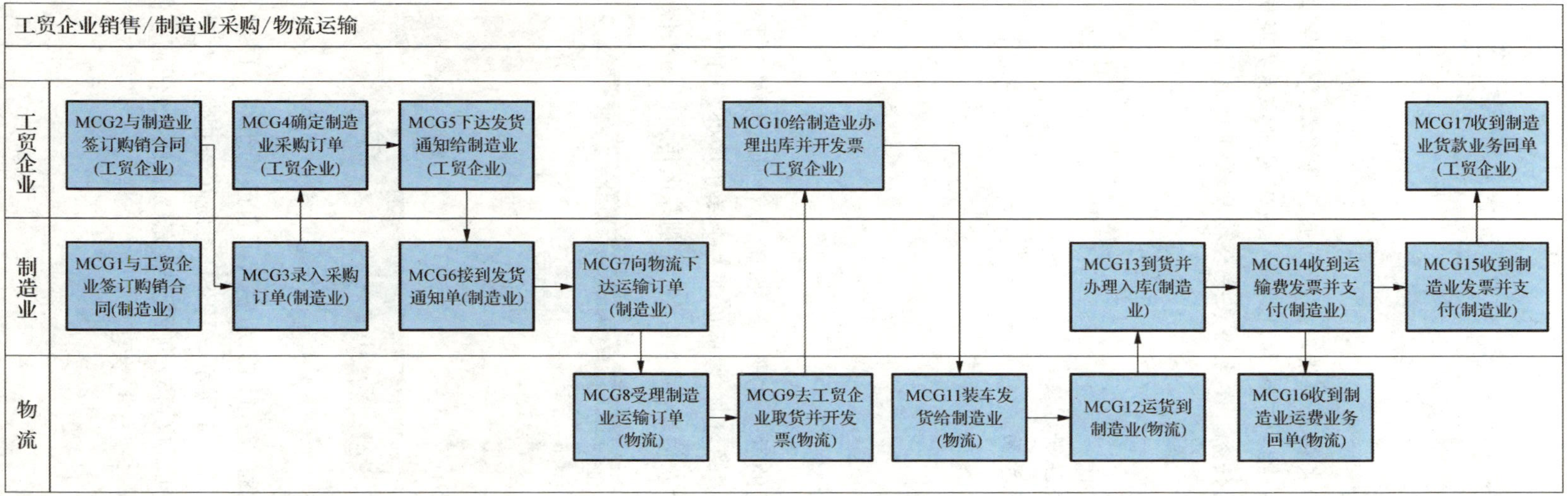

图 1.2　制造业采购付款闭环流程图

课程任务流程图

任务三 VBSE 系统操作

任务背景

跨专业综合实训课程借助 VBSE 系统进行教学，VBSE 系统相当于一个 OA 平台，同一组织不同部门的岗位或不同组织的关联岗位，统一在这个平台中共同完成任务。学生登录平台接收教师推送的任务，完成自己岗位的任务。

任务目标

1. 掌握系统注册方法。
2. 认识系统界面。
3. 了解各任务类型标志。

知识解析

一、系统注册

学生操作手册

学生以自己的学号注册、登录，输入教师提供的课程邀请码加入学习（见图 1.3）。正式学习前，鼠标移到右上角头像处，出现“个人中心”，可以在个人中心完善个人信息，输入姓名、性别并上传自己的头像。

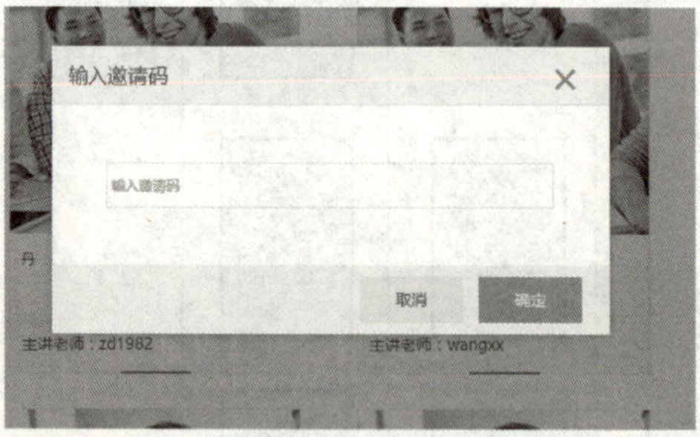

图 1.3　课程邀请码输入窗口

学生加入课程，通过团队组建有了自己的组织与岗位，VBSE 界面及经常使用的功能如图 1.4 所示。VBSE 系统可以提醒学生当前自己的岗位有什么任务需要完成，也可查询到已经完成的任务，任何任务均配有丰富的“资源库”让学生实现自主学习。

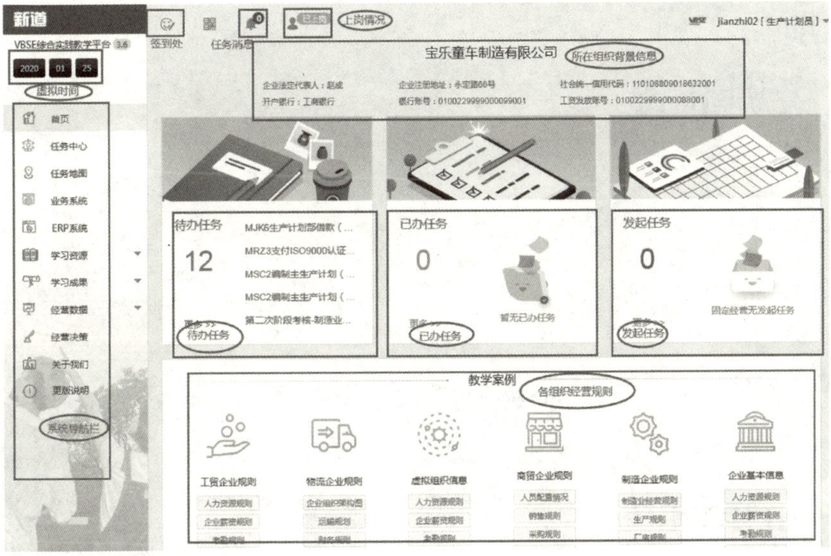

图 1.4　VBSE 界面

二、任务类型

当鼠标放到每个任务处，都会显示此任务的任务说明供学生学习（见图 1.5）。

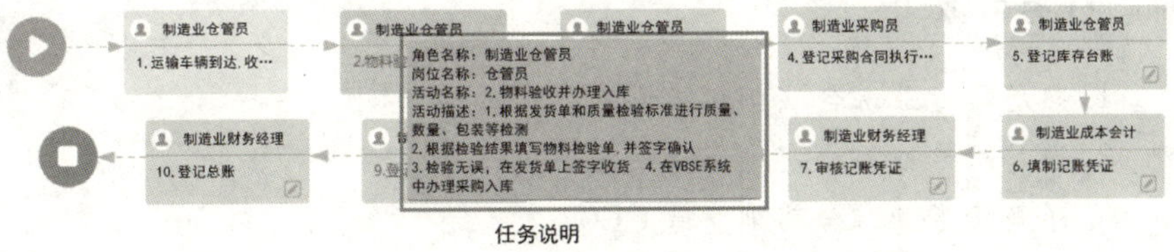

图 1.5　任务说明

VBSE 系统提供的任务主要有四种类型：知识型任务、考核型任务、填写单据型任务、业务操作型任务（见图 1.6）。其中填写单据型任务在任务流程的右下角会显示笔形；业务操作型任务在任务流程的右下角会显示刀叉形，所有业务操作的任务务必完成，以便后续工作的顺利开展。

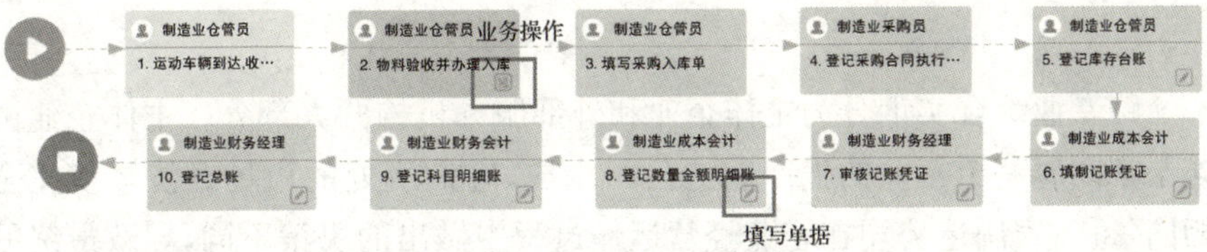

图 1.6　任务类型

实训中，学生需要按照流程一步步完成任务，但业务操作型任务可以在“业务操作”界面完成补救工作。

教师操作手册

项目二 实训准备

任务一 团队组建

任务背景

跨专业综合实训课程需要不同专业学生共同组成不同类型组织进行模拟企业运营。在正式模拟运营之前，首先需要熟悉各组织及岗位的设置，了解各自岗位职责；其次通过 CEO 竞选、招聘等环节进行团队组建，团队组建后需要着手建设本组织的企业文化，为日后开展虚拟的商业活动打下基础。

任务目标

1. 熟悉跨专业综合实训组织设置。
2. 熟悉跨专业综合实训岗位设置。
3. 了解跨专业综合实训竞选 CEO。
4. 了解跨专业综合实训面试与招聘。
5. 掌握组织企业文化建设内容。

知识解析

一、实训组织岗位

（一）组织设置

跨专业综合实训分为主体企业和外部服务机构两大部分。主体企业由若干家同属一个行业的生产制造公司组成，它们所处的市场经济环境完全相同，每一家制造公司在企业经营运作过程中做出的决策不同，导致最终的经营业绩不同，它们彼此之间是相互竞争关系。外部服务机构，包括政务服务中心、客户、供应商、银行、综合服务中心等，各组织作用及部门设置如表 2.1 所示，主要为配合生产制造公司的主体经营活动而设置，并通过交易活动和市场管理活动与生产制造公司发生联系。

表 2.1 各组织作用及部门设置

名 称	作 用	部门设置
制造企业	业务核心单位，连接供应商和客户公司，同时又与其他外部单位发生业务往来。学生在实训中既要对企业经营进行决策、计划、经营和控制，又要学会与外部单位进行谈判、沟通和协调	行政部、人力资源部、采购部、营销部、生产部、财务部
供应商	作为制造企业的上游企业，向制造企业出售设备、材料等	行政部、人力资源部、财务部、业务部
客户公司	作为制造企业的下游企业，向制造企业购买生产的产品	行政部、人力资源部、财务部、业务部
市场监督管理局	企业工商登记注册，年检，市场监督，广告、商标管理等	市场监督专员
税务局	税务登记、税收征管、税务稽查、税务辅导、发票管理	税务专员
社保局	办理五险一金的缴存业务	社保专员
物流公司	为客户提供运输、仓储、配送等物流服务，以及提供相关的物流信息等	行政部、财务部、业务部
商业银行	办理银行开户、存取款业务、资金结算、资金借贷等业务	银行柜员
会计师事务所	审查企业会计报表，出具审计报告，验证企业资本，出具验资报会计师事务所告，代理记账、会计咨询、税务咨询、管理咨询等	行政部、财务部、业务部

跨专业综合实训，围绕制造企业的生产业务开展，各实训组织之间均将产生相应的业务关系，接下来以制造企业为核心进行业务运营分析，来阐述各组织之间的关系。

企业股东（投资人）发起建立制造企业，然后在原材料市场上获取人力、物料、技术、设备，通过企业生产制造（物理、化学变化），生产出产品，投放到产品市场销售。因此，制造企业的主要业务表现为资金筹集业务、物资供应业务、产品生产业务、产品销售业务。资金筹集业务是指为满足企业生产经营所需的资产而从各种渠道筹集资金的经济业务，其中主要表现为银行贷款。因此，资金筹集业务主要涉及银行。物资供应业务是为满足生产经营的需要，通过市场取得必要的材料物资所进行的经济业务，包括取得、验收物资及与供应单位办理款项结算。物资采购主要涉及材料供应商、设备供应商、租赁公司等上游供应商及银行；企业的材料物资需求信息需要发布出去，因此，会涉及媒体公司、交易市场、物流公司、招投标公司等。要签订商品购销合同，会涉及律师事务所等服务机构。产品生产过程是制造业最具特色的阶段，在这一阶段劳动者借助设备将原材料加工成设计要求的产品，在企业产品生产过程中除产品生产以外，还会与其他单位、职工个人以及企业内部有关部门之间发生资金和业务往来。在这个过程中，会涉及税务局、社会保障局、公积金管理中心等政务服务机构及银行等；还会涉及水、电、气、通信等其他企业。产品销售过程是产品价值和使用价值的实现过程，因此，在这一过程中，销售产品、货款结算、支付各种销售费用、计算和缴纳销售税金等业务形成了产品销售业务，涉及客户、媒体公司、招投标公司、物流公司、交易市场、税务局、营销咨询公司、银行等。

（二）岗位分工

跨专业综合实训抽取了企业经营真实环境的基本要素和主要特征，以生产制造企业为中心，根据真实企业的职能设置、岗位胜任力要求，由学生选择扮演不同的角色，组建模拟组织，包括生产制造企业及与其发生关联的工贸企业、经销商、银行、工商、税务等虚拟组织。

组织与岗位分工如表 2.2 所示。

表 2.2　组织与岗位分工

组织类型	标准岗位	明细岗位			
制造企业	18	总经理	行政助理	人力资源经理	人力资源助理
		采购经理	采购员	仓储经理	仓管员
		生产计划经理	生产计划员	车间管理员	
		营销经理	销售专员	市场专员	
		财务经理	成本会计	财务会计	出纳
经销商	7	总经理	采购经理	行政经理	营销经理
		仓储经理	财务经理	出纳	
工贸企业	4	总经理	行政经理	财务经理	业务经理
工商银行	1	银行柜员			
税务局	1	税务专员			
市场监督管理局	1	市场监督专员			
社保局	1	社保公积金专员			
服务公司	2	总经理	业务员		
物流企业	2	总经理	业务经理		
国贸企业	3	总经理	进出口经理	内陆业务经理	
连锁企业	4	总经理	仓储经理	西区店长	东区店长
招投标	1	总经理			
会计师事务所	3	项目经理	审计师	审计助理	

续 表

组织类型	标准岗位	明细岗位			
海关	1	海关专员			
中国银行	1	中国银行柜员			
进出口服务	1	办事员			

二、CEO竞选演讲

竞选CEO系统操作

竞选演进有很多的成功技巧可循。写好演讲稿,演讲开始以后快速进入主题,发挥自己的优势,尽量把劣势转化为自己的优势,要善于鼓动听众的感情。如果一个参加竞选演讲的演讲者能掌握这些竞选演讲要点及技巧,就一定能如愿以偿地获得竞选职位。

(一)演讲必须具备的内容

1. 介绍自己应聘的基本条件

所谓基本条件就是政治素质、业务能力和工作态度等。这一部分实际上是要说明为什么要应聘,凭什么应聘的问题。竞聘者在介绍自己的情况时,一定要有针对性,即针对竞聘的岗位来介绍自己的学历、经历、政治素质、业务能力、已有的政绩等。并非要面面俱到,而应根据竞聘职务的职能情况有所取舍。

2. 介绍自身的不足之处

例如,某竞聘班长者的表述:我从没有担任过班干部,缺少经验。这是劣势,但正因为从未在"官场"混过,一身干净,没有"官相官态""官腔官气";少的是畏首畏尾的私虑,多的是敢作敢为的闯劲。正因为我一向生活在最底层,从未有过"高高在上"的体验,对摆"官架子"看不惯,就特别具有民主作风。因此,我的口号是"做一个彻底的平民班长"。竞聘者在介绍自己应聘的基本条件时,要尽可能地展示自己的长处,但不是对自身的不足之处闭口不言。

3. 表明自己任职后的打算

某竞聘老干部处副处长职务竞聘人的演讲:"总结我自身的情况,我认为我有条件、有能力胜任副处长的工作。如果我能竞聘成功,我将做好以下几项工作:首先,协助处长继续做好老干部工作。解决老干部急需解决的问题。例如,老干部的政治生活待遇问题,老干部的晚年教育问题。其次,积极组织老干部开展积极健康的文化和健身活动,使他们老有所乐。再次,积极开展家访工作,特别是要加强对孤寡老人的服务工作,安排工作人员与他们结成帮扶对子,使他们感受到组织的温暖。最后,设立一处意见箱,了解老人的思想状况,了解他们的需求,并将了解到的情况,及时向局领导汇报,并及时解决问题。"评选者更关心的还是竞聘者任职后的打算。因此,竞聘者在竞聘演讲时,一定要用简明扼要的语言亮明自己的观点，也就是说，要紧紧围绕着听众关心的热点、难点问题，提出明确的工作目标和切实可行的措施。

4. 做个漂亮的结尾

好的结束语能加深评选者对竞聘者的良好印象，从而有利于竞聘成功。竞聘演讲常见的结尾方法如下：

(1) 表明对竞聘成败的态度。这种方法能使评选者感受到竞聘者的坦诚。例如，"作为这次竞聘上岗的积极参与者，我希望在竞争中获得成功。但是，我绝不会回避失败。不管最后结果如何，我都将堂堂正正做人，兢兢业业做事。"

(2) 表达自己对竞聘上岗的信心。例如，"我今天的演讲虽然是毛遂自荐，但却不是王婆卖瓜，自卖自夸。我只是想向各位领导展示一个真实的我。我相信，凭着我的政治素质，我的爱岗敬业、脚踏实地的精神，我的工作热情，我的管理经验，我一定能把副处长的工作做好。如果各位有疑虑，那就请给我一个机会，我绝不会让大家失望。"

(3) 希望得到评选者的支持。例如，"各位领导、各位评委，请相信我，投我一票！我将是一位合格的……"

(二) 在竞选演讲中突出自己的优势

竞选就是要显出优势，那么，优势都从哪些方面来显示呢？这里提几点建议作参考。

1. 从素质上突出

例如，一位会计师参加支行综合办公室经理岗位的竞职演讲，在介绍完自己的工作简历之后，他在说明自己的素质中说道："几年银行工作的锻炼，使自己各方面的素质得以提高，去年我光荣地加入了中国共产党，荣幸地被三峡支行评为 1998 年先进工作者；在创先业务竞赛活动中，被分行授予'三收能手'称号。1999 年，我实现了个人揽存余额 1 300 万元的任务。几年的工作使我深深地感到机遇和挑战并存，成功与辛酸同在。"

2. 从经历上突出

一名军人在开发区干部竞选中突出介绍自己的经历："我当兵二十年，前十年从士兵到连队指挥员，后十年从参谋到参谋长，既靠组织的关怀培养，也靠自己的不懈奋斗。我在军校接受过系统的培训，完成了大专文化课程，多次参加大军区专业技术和参谋业务比赛，获得过特等坦克射手、出色'四会'教练员称号，参加原武汉军区参谋业务考核夺得总分第一名。在边境自卫还击作战中，我带领尖刀排第一个驾车闯入敌阵，冲破敌人的层层封锁，提前到达指定位置，荣立战功。我们连被中央军委命名为'坦克英雄连'，由此培养了我不甘人后的精神。"

3. 从施政方案的构想上突出

在某市进行的一次竞选市长的会上，其他竞选者在施政纲领上都显得是

“平平大话”，唯有一位参与者在自己的竞选演讲中说：“如果我当选市长，我将在自己任期内为全市人民实实在在地办好十件事。”然后，逐一说出这十件事。选民发现这十件事都是他们关心和感兴趣的，因此，这位竞选者顺利当选。

4. 从技巧上突出

一位女大学生以《过一回官瘾》为题做了一次竞选学生会干部的演讲。她说：“当官，多么诱人的字眼，有权可掌，有利可图。自古以来，为了它不顾骨肉情谊杀父害兄者有之；为了它，丧生殒命者也不乏其人。可谓使尽一切伎俩就是为了当官。当官有如此大的吸引力，坦白地讲，经过深思熟虑，我也想争取过一回瘾，过一回官瘾。然而，我要当的官却不是某些人所希望得到的那种官，而是一个清官。这个官无权可掌、无利可图，相反还要付出一份代价。那我图的是什么呢？能为大家庭中每一个成员服务，为一切愿意接受我的人服务，在咱们这个大家庭中能献出一份劳动将是我一生中最大的快慰。为了获得一次机会，我勇敢地站在这里，接受大家的挑选。”

三、求职简历的撰写

个人简历是求职过程中的敲门砖，它是求职者的全面素质和个人能力的体现，每家用人单位都是通过它来选择合适的求职者进入面试环节。因此，一份好的简历，会让求职者在众多的竞争者中脱颖而出获得面试机会，其重要性是不言而喻的。

（一）求职简历撰写要求

1. 撰写时要注意整洁性

一些求职者会在美观性上下苦功，但太花哨的内容会让面试官感觉有一些形式大于内容，从而失去阅读下去的欲望。整洁的排版会让面试官感觉到很舒服，试想一下一天收到的求职信的简历数量，就不难知道整洁性有多重要了。

2. 撰写时要注意简明性

在撰写简历时，要对自己想要体现的优势有一个总体的想法，并适当地用简明的语言总结。可以选择将自己的优势信息放在比较靠前的位置，并将相关的核心内容和关键词用黑色字体加粗的形式加以区分，那么面试官在审阅时就能对你的优势一目了然，从而增加求职成功的概率。

3. 撰写时要注意诚实性

简历是为面试做准备的，所以求职者一定要如实地填写自己的个人信息、实践经验等，正确认识自己的优势和不足，做到在内容上实事求是。如果有不诚实的行为，就算顺利进入面试环节，也会被面试官的问题所问倒，并且肯定不会被录取，这样就得不偿失了。

（二）求职简历撰写要点

（1）条目化、纲要化。

(2) 突出关键信息。

(3) 突出自己的亮点，去掉和弱化非亮点。

(4) 为目标岗位要求而裁剪。

(5) 咬文嚼字，删除任何一个可删除的字。

一定要重点突出自我的优势所在，这是众多关于“撰写个人求职简历的要点在哪里”问题的回答当中最关键的一个要点。特别需要提醒的是，现在有很多的人士觉得只要是自己的优势，就全部一箩筐地将它写在简历当中，这是一种错误的做法。举个简单的例子，比如说自己求职的岗位是文员类型的岗位，那么重点突出的优势就是自己的细心程度、打字的速度很快、有耐心这几点就够了；相反，如果这时候突出自己有绘画的能力，其实没有太多的帮助性作用。这点一定要格外地注意，把握好。

在意向薪酬和未来职场规划等方面内容的撰写要足够接地气，这是众多关于“撰写个人求职简历的要点在哪里”问题的回答当中比较容易被忽视的地方。实际上，现在有很多的应届毕业生对自己的情况了解不甚清晰，所以在意向薪酬的撰写上会偏高。为了避免这样的情况，要注意，先去了解一下目前国内市场大环境之下，自己所求职岗位的大体平均工资情况，并且做针对性的调整；另一方面，如果能够在未来的职场规划方面做重点的突出，结合企业未来的发展方向高效地融入，能够让企业 HR 更加认可自己。

四、面试技巧

求职面试技巧，简单来说，是用人单位和应聘者的双向选择，是一个应聘的过程。分为围面试前、面试中和面试后三个阶段。

(一) 面试前做好充分准备

(1) 通过多种渠道收集、了解就业信息，以求“知己知彼百战不殆”；接着准备材料、求职信及个人简历，求职信要求简洁明了，以 500 字左右为宜，一般不要超过一页纸；面试前，尽量保持心态平和，避免紧张、心浮气躁，努力展现自信的微笑。

(2) 注重仪表形象，不要过于时尚。要给人端庄、大方的印象；饰品力求自然，戴手表就可以了；发型不可留披肩发或染发，可以扎起马尾或盘起。男士不要留长发、胡须。碎发要固定住，如果时常用手拨弄头发易给人不稳重的印象。

(3) 应聘时，要先敲门，关门后鞠躬、问好，然后走到位置前，待主考官讲“请坐”后道谢坐下。环视主考官，微笑。

(二) 面试中做到落落大方

面试就是一个推销自我的机会，为了能在较短的时间内成功地营销自己，讲话策略与口才是一个关键因素。

面试问题
回答策略

(1) 把紧自己的嘴巴，三思而后答。

面试场上，考官们经常采用的一个基本策略就是尽量让应试者多讲话，目的在于多了解一些应试者在书面材料中没有反映的情况。

所以，在面试时一定要注意把紧自己的嘴巴，如果认为已经回答完了，就不要再讲。最好不要为了自我推销而试图采用多讲话的策略来谋求在较短的时间内让招聘方多了解自己，事实上这种方式对大多数人来讲并不可取。该讲的讲，不该讲的绝不要多讲，更不要采取主动出击的办法，以免画蛇添足、无事生非。

(2) 留足进退的余地，随机而应变。

面试当中，对那些需要从几个方面来加以阐述，或者“圈套”式的问题，应试者要注意运用灵活的语言表达技巧，不要一开始就把话讲死。否则，很容易将自己置于尴尬境地或陷入“圈套”之中。

(3) 稳定自己的情绪，沉着而理智。

有时面试时，考官会冷不防地提出一个应试者意想不到的问题，目的是想试试应试者的应变能力和处事能力。这时，你需要的是稳定情绪，千万不可乱了方寸。

(4) 不置可否地应答，模棱而两可。

应试场上，考官时常会设置一些无论你做肯定的回答还是否定的回答都不讨好的问题。比如，考官问：“依你现在的水平，恐怕能找到比我们公司更好的单位吧?”如果你的回答是否定的，则说明你这个人心高气傲，或者“身在曹营心在汉”；如果你的回答是肯定的，不是说明你的能力有问题，就是自信心不足；如果你回答“我不知道”或“我不清楚”，则又有拒绝回答之嫌。遇到这种任何一种答案都不是很理想的问题时，就要善于用模糊语言来应答。可以先用“不可一概而论”作为开头，接着从正反两方面来解释你的观点。

(5) 圆好自己的说词，滴水而不漏。

在面试中，有时考官所提的一些问题并不一定要求有什么标准答案，只是要求面试者能回答得滴水不漏、自圆其说而已。这就要求应试者答题之前要尽可能考虑得周到一些，以免使自己陷于被动。

(6) 不拘一格的思维，“歪打”而“正着”。

面试中，如果考官提出近似于游戏或笑话式的过于简单化的问题，你就应该多转一转脑子，想一想考官是否另有所指，是否在考察你的 IQ 或 EQ；如果是，那就得跳出常规思维的束缚，采用一种非常规思维或发散式思维的方式去应答问题，切不可机械地做就事论事的回答，以求收到“歪打正着”的奇效。

(7) 摆平自己的心气，委婉而机敏。

应试场上，考官往往会针对求职者的薄弱点提出一些带有挑战性的问题。比如，对年轻的求职者会设问：“从你的年龄看，我们认为你担任经理这个职务太年轻了，你怎么看?”对年龄稍大的求职者又会设问：“我们觉得你的年龄稍大了点，恐怕在精力方面不如年轻人，你怎么看?”等。面对这样的考题，如果回答“不对”“不会”“不见得吧”“我看未必”“完全不是这么回事”等，虽然也能表达出自己的想法，但由于语气过于生硬，否定过于直接，往往会引起考官的不悦。

(8) 放飞想象的翅膀，言之而有物。

面试中，偶尔也会出现一些近乎怪异的假想题，这类题目一般都具有不确定性和随意性，这也使应试者在回答时有了发挥想象的空间和进行创造性思维的领域。只要充分利用自己积累的知识，大胆地以“假设”对“假设”，就能够争得主动，稳操胜券了。

(9) 守好自己的人格，含蓄而大度。

一些女性应试者在应聘诸如公关小姐、秘书、演员等特殊岗位时，经常会遇到考官提出的比较敏感的问题，一般来说，应试者可以采取较为模糊、含混而又大度的方式予以回答。因为这种情形下，考官的用意主要在于测试你的应变能力或智商，所以，模糊、含混一些非但无伤大雅，有时反而还能起到证实应试者智力和应变力的作用。

(10) 面对“刁难”巧“较量”，针锋而相对，礼貌又不唐突。

应试场上，若遇考官“刁难”，善于“较量”也是一个“杀手锏”。要以一颗平常心正确对待面试，要做好承受挫折的心理准备。即使面试一时失利，也不要以一次成败论英雄。对招聘单位和自己要有一个正确的评价，相信自己完全能胜任此项工作。

(三) 面试后做好扫尾工作

(1) 面试结束，要首先感谢主考官及公司给自己机会，把椅子放回原处，关门前鞠躬，再次表示感谢并随手关门。

(2) 应聘后可写信致谢(有提醒对方的作用)，一般在应聘后 2 到 3 天发出。内容包括致谢、应聘的时间和经过、对工作的信心、期待机会等。简短地表明自己的兴趣及对工作的信心。

五、企业文化建设

团队组建完成之后，应由 CEO 带来团队成员，建设企业自己的规章制度与企业文化。企业文化，或称组织文化(Corporate Culture, Organizational Culture)，是一个组织由其价值观、信念、仪式、符号、处事方式等组成的其特有的文化形象，简单而言，就是企业在日常运行中所表现出的各个方面。

(一) 企业文化的作用

树立中华文化自信

(1) 企业文化能激发员工的使命感。不管是什么企业都有它的责任和使命，企业使命感是全体员工工作的目标和方向，是企业不断发展或前进的动力之源。

(2) 企业文化能凝聚员工的归属感。企业文化的作用就是通过企业价值观的提炼和传播，让一群来自不同地方的人共同追求同一个梦想。

(3) 企业文化能加强员工的责任感。企业要通过大量的资料和文件宣传员工责任感的重要性，管理人员要给全体员工灌输责任意识、危机意识和团队意识，要让大家清楚地认识企业是全体员工共同的企业。

(4) 企业文化能赋予员工荣誉感。每个人都要在自己的工作岗位、工作领域，多做贡献，多出成绩，多追求荣誉感。

(5) 企业文化能实现员工的成就感。一个企业的繁荣昌盛关系到每一个公司员工的生存，企业繁荣了，员工们就会引以为豪，会更积极努力地进取，荣耀越高，成就感就越大、越明显。

企业文化作为一种管理理论，对企业管理的作用起着十分重要的作用，其涵盖的内容比较广泛，由理念文化、制度文化、行为文化、物质文化四个层次构成，具体包括企业的文化理念、企业精神的建设情况、企业的历史、企业的制度以及企业所涉及的文化环境等内容，如图 2.1 所示。

文化的力量

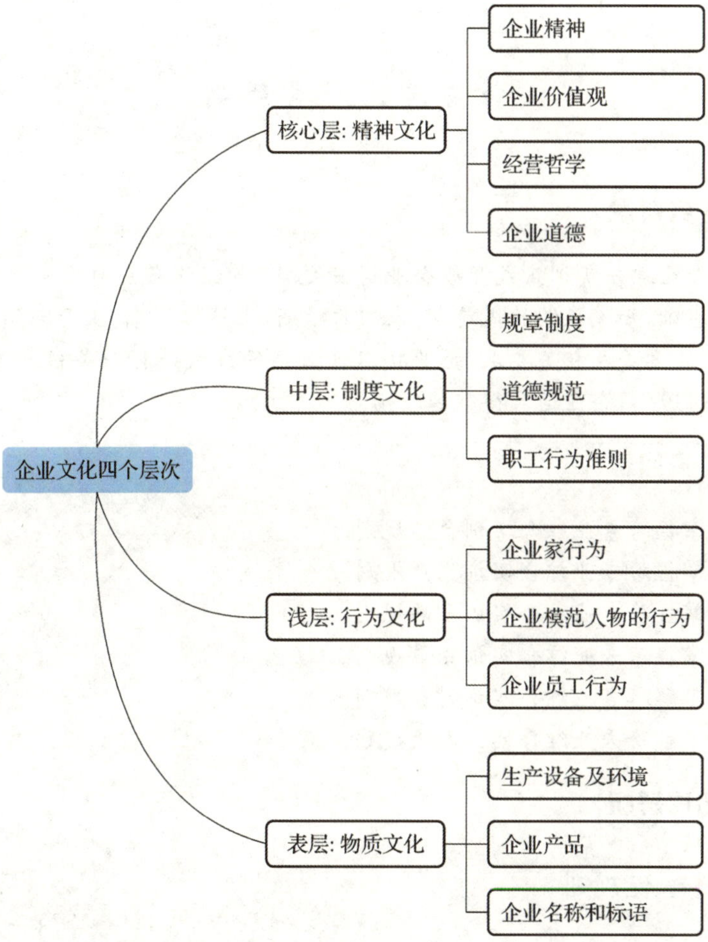

图 2.1　企业文化层次

（二）企业文化的建设要求

在跨专业综合实训课程中，企业文化的建设要求如下：

(1) 建立企业管理制度，包括考勤制度、奖惩制度、考核制度、值班制度等。

(2) 晨会、夕会、总结会的制度化，使之成为公司的制度及企业文化的一部分。

(3) 制作企业宣传文化海报，将企业精神、Logo、理念等写成标语，张贴在企业经营地。

(4) 制作企业团队建设视频，体现企业员工风采、企业集体精神，解析企业文化。

(5) 统一员工的工作牌、工作服，这是企业物质文化的一部分。

(6) 员工互评与自评，填写自评、互评档案。通过认知自我、了解他人达到更好的团结协作的目的。

(7) 领导人的榜样作用。公司领导人做到以身作则，用领导力推动企业运营、组织发展。

任务二　经营规则

任务背景

跨专业综合实训正式开展企业运营之前，各组织各成员需要了解组织运营的基础，知道采购的提前期、采购的账期，生产的周期，生产与销售的资质，销售的方式及相关要求，企业将以什么样的方式进行财务核算等，规则了解得越透彻，企业运营得就越顺畅。

任务目标

1. 掌握跨专业综合实训仓储规则。
2. 掌握跨专业综合实训生产规则。
3. 掌握跨专业综合实训采购规则。
4. 掌握跨专业综合实训销售规则。
5. 了解跨专业综合实训财务规则。
6. 了解跨专业综合实训人力规则。

规则意识

知识解析

一、仓储规则

（一）仓库

普通仓库用于存放产成品、半成品、原材料。仓库信息如表 2.3 所示，仓库容量信息，如表 2.4 所示，普通仓库可存放物资种类与数量信息如表 2.5 所示。

表 2.3　仓库信息

仓库名称	仓库编码	可存放物资
普通仓库	001	钢管、坐垫、车篷、车轮、经济型童车包装套件、镀锌管、记忆太空棉坐垫、数控芯片、舒适型童车包装套件、豪华型童车包装套件
		经济型童车车架、舒适型童车车架、豪华型童车车架
		经济型童车、舒适型童车、豪华型童车

表 2.4　仓库容量

仓库类型	使用年限（年）	仓库面积（平方米）	仓库容积（立方米）	仓库总存储单位	售价（万元）
普通仓库	20	500	3 000	300 000	540

表 2.5　普通仓库可存放物资种类与数量信息

存货编码	存货名称	存货占用存储单位
P0001	经济型童车	10
P0002	舒适型童车	10
P0003	豪华型童车	10
M0001	经济型童车车架	10
M0002	舒适型童车车架	10
M0003	豪华型童车车架	10
B0001	钢管	2
B0002	镀锌管	2
B0003	坐垫	4
B0004	记忆太空棉坐垫	4
B0005	车篷	2
B0006	车轮	1
B0008	数控芯片	1
B0007	经济型童车包装套件	2
B0009	舒适型童车包装套件	2
B0010	豪华型童车包装套件	2

存货办理入库后立即占用仓库容量，办理出库后立即恢复仓库容量。制造业在办理领料的时候不会恢复仓库容量，在派工之后才会恢复仓库容量。

（二）原材料及库存商品

仓储部负责原材料及成品的原材料采购入库、生产领料出库、生产完工入库、成品销售出库和保管工作。

在制造业工作中原材料只用于采购、生产领料工作中，不能进行销售；半成品只用于完工入库和生产领料工作中，不能进行销售；成品只用于完工入库和销售工作中，不能进行采购；在工贸商贸业工作中，只涉及库存商品，不涉及原材料。工贸企业的库存商品为钢管、坐垫、车篷、车轮、经济型童车包装套件、镀锌管、记忆太空棉坐垫、数控芯片、舒适型童车包装套件、豪华型童车包装套件。商贸企业的库存商品为经济型童车、舒适型童车、豪华型童车。原材料信息如表 2.6 所示，半成品信息如表 2.7 所示，产成品信息如表 2.8 所示。

表 2.6 原材料信息

物料名称	物料编码	单位	规 格	（相对制造企业）来源
钢管	B0001	根	Φ外 16/Φ内 11/L5000(mm)	外购
镀锌管	B0002	根	Φ外 16/Φ内 11/L5000(mm)	外购
坐垫	B0003	个	HJM500	外购
记忆太空棉坐垫	B0004	个	HJM600	外购
车篷	B0005	个	HJ72×32×40	外购
车轮	B0006	个	HJΦ外 125/Φ内 60 mm	外购
数控芯片	B0008	片	MCX3154A	外购
经济型童车包装套件	B0007	套	HJTB100	外购
舒适型童车包装套件	B0009	套	HJTB200	外购
豪华型童车包装套件	B0010	套	HJTB300	外购

表 2.7 半成品信息

物料名称	物料编码	单位	规 格	（相对制造企业）来源
经济型童车车架	M0001	个	无	自制
舒适型童车车架	M0002	个	无	自制
豪华型童车车架	M0003	个	无	自制

表 2.8 产成品信息

物料名称	物料编码	单位	规 格	（相对制造企业）来源
经济型童车	P0001	辆	无	自制
舒适型童车	P0002	辆	无	自制
豪华型童车	P0003	辆	无	自制

（三）物料清单(BOM)

物料清单的定义与作用

1. 经济型童车

经济型童车产品结构图如图 2.2 所示，经济型童车产品物料清单如表 2.9 所示。

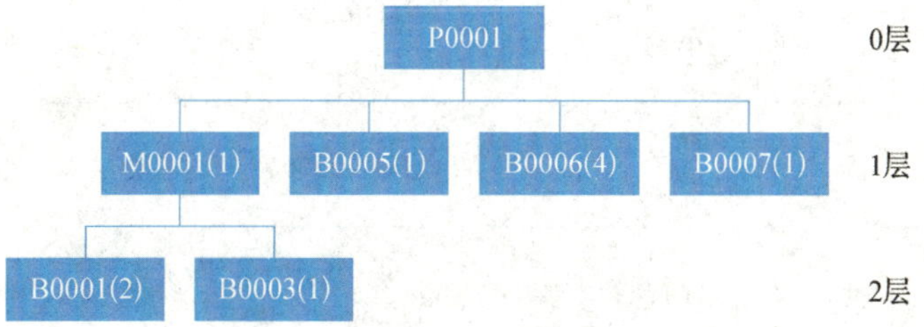

图 2.2　经济型童车产品结构图

表 2.9　经济型童车产品物料清单(BOM)

结构层次	父项物料	物料编码	物料名称	规格型号	单位	用量	（相对制造企业）备注
0		P0001	经济型童车		辆	1	自产成品
1	P0001	M0001	经济型童车车架		个	1	自产半成品
1	P0001	B0005	车篷	HJ72×32×40	个	1	外购原材料
1	P0001	B0006	车轮	HJΦ 外 125/Φ 内 60 mm	个	4	外购原材料
1	P0001	B0001	经济型童车包装套件	HJTB100	套	1	外购原材料
2	M0001	B0001	钢管	Φ 外 16/Φ 内 11/L5000(mm)	根	2	外购原材料
2	M0001	B0003	坐垫	HJM500	个	1	外购原材料

2. 舒适型童车

舒适型童车产品结构图如图 2.3 所示，舒适型童车物料清单如表 2.10 所示。

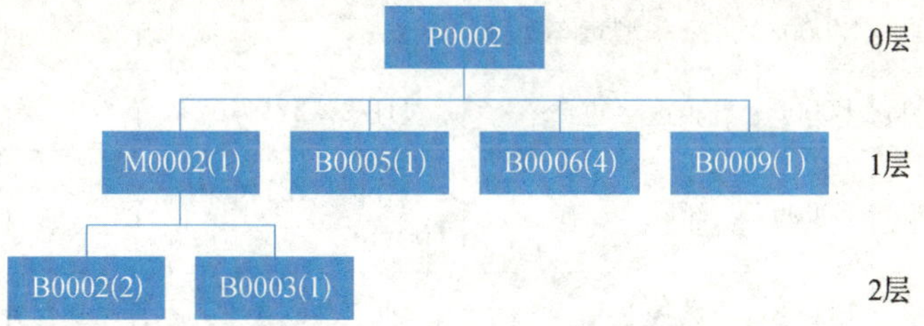

图 2.3　舒适型童车产品结构图

表 2.10　舒适型童车物料清单(BOM)

结构层次	父项物料	物料编码	物料名称	规格型号	单位	用量	（相对制造企业）备注
0		P0002	舒适型童车		辆	1	自产成品
1	P0002	M0002	舒适型童车车架		个	1	自产半成品

续 表

结构层次	父项物料	物料编码	物料名称	规格型号	单位	用量	(相对制造企业)备注
1	P0002	B0005	车篷	HJ72×32×40	个	1	外购原材料
1	P0002	B0006	车轮	HJΦ 外 125/Φ 内 60 mm	个	4	外购原材料
1	P0002	B0009	舒适型童车包装套件	HJTB200	套	1	外购原材料
2	M0002	B0002	镀锌管	Φ 外 16/Φ 内 11/L5000(mm)	根	2	外购原材料
2	M0002	B0003	坐垫	HJM500	个	1	外购原材料

3. 豪华型童车

豪华型童车产品结构图如图 2.4 所示,豪华型童车物料清单如表 2.11 所示。

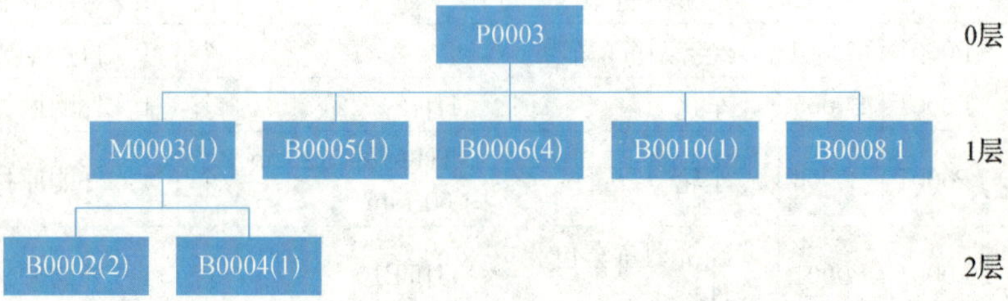

图 2.4　豪华型童车产品结构图

表 2.11　豪华型童车物料清单(BOM)

结构层次	父项物料	物料编码	物料名称	规格型号	单位	用量	备　注
0		P0003	豪华型童车		辆	1	自产成品
1	P0003	M0003	豪华型童车车架		个	1	自产半成品
1	P0003	B0005	车篷	HJ72×32×40	个	1	外购原材料
1	P0003	B0006	车轮	HJΦ外 125/Φ 内 60 mm	个	4	外购原材料
1	P0003	B0008	数控芯片	MCX3154A	片	1	外购原材料
1	P0003	B0010	豪华型童车包装套件	HJTB300	套	1	外购原材料
2	M0003	B0002	镀锌管	Φ 外 16/Φ 内 11/L5000(mm)	根	2	外购原材料
2	M0003	B0004	记忆太空棉坐垫	HJM600	个	1	外购原材料

二、生产规则

在跨专业综合实训中只有制造业开展生产工作，企业生产离不开厂房、生产设备等基本生产场地及生产设施。在实训一开始，我们为制造企业就准备好了一座大厂房，大厂房内安装 10 台普通机床和 1 条组装生产线，且各设备无损坏，运行良好。

（一）厂房规则

厂房信息如表 2.12 所示。

表 2.12 厂房信息

厂房类型	价值(万元)	使用年限(年)	容 量	面积(平方米)
大厂房	720	20	20 台机床位	500
小厂房	480	20	12 台机床位	300

期初交接的大厂房经营期间不得出售；

在经营过程中，如遇厂房容量不足的情况可以向服务公司进行购买，服务公司只提供小厂房。

厂房容量与安装设备数量之间的关系如下：

1 个机床位可以安装 1 台普通机床；

2 个机床位可以安装 1 台数控机床；

4 个机床位可以安装 1 台组装流水线；

厂房没有租赁业务，只能购买。

（二）设备规则

设备信息如表 2.13 所示。

表 2.13 设备信息

生产设备	购置费(万)	使用年限	折旧费(元/月)	维修费(元/月)	生产能力(台/虚拟 1 天)			出 售
					经济	舒适	豪华	
普通机床	21	10			500	500		按账面价值出售
数控机床	72	10			3 000	3 000	3 000	
组装流水线	51	10			7 000	7 000	6 000	

企业根据生产经营状况，可以向服务公司随时购买生产设备；

设备安装周期：虚拟 1 天；

折旧：生产设备按月计提折旧，企业所得税税法规定：火车、轮船、机器、机械和其他生产设备，折旧年限为 10 年，购买当月不计提折旧；

电费收费标准：电 1.5 元/度，日常电费忽略不计，普通机床耗电 1 478.4 度/月，组装流水线耗电 4 329.6 度/月，数控机床耗电 2 640 度/月，管理部门忽略不计。

生产设备对生产工人的要求如表 2.14 所示，生产设备生产各种童车的能力如表 2.15 所示。

表 2.14　生产设备对生产工人的要求

设　备	人员级别	要求人员配置数量
普通机床	初级	2
数控机床	高级	2
组装流水线	初级	5
	中级	15

表 2.15　生产设备生产各种童车的能力

设备名称	产　品	定额生产能力（台数×单台生产产能/虚拟 1 天）	所属部门
普通机床	经济型童车车架	10×500	生产计划部
	舒适型童车车架	10×500	
数控机床	经济型童车车架	1×3 000	生产计划部
	舒适型童车车架	1×3 000	
	豪华型童车车架	1×3 000	
组装流水线	经济型童车	1×7 000	生产计划部
	舒适型童车	1×7 000	
	豪华型童车	1×6 000	

（三）产能规则

产能

生产设备根据各自生产能力进行派工，派工时，派工数量应小于等于(⩽)该设备的生产能力；

派工时，一条生产线只允许生产一个品种的产品。例如，给一条组装流水线上安排生产 5 000 台经济型童车，剩下的 2 000 台产能不能用于生产舒适型童车与豪华型童车，必须等该资源产能全部释放后才允许安排不同种类的产品生产。

派工时，需要根据产品的物料清单(BOM)检查原材料是否齐套，原材料没有达到齐套要求，不能派工。要生产某一产品时，根据产品物料清单(BOM)中所需的材料、用量都达到要求时称之为齐套。

（四）工艺规则

工艺规则是指企业各项自制件的加工顺序和在各个工序中的标准工时定额情况，也称为加工路线。它是一种计划管理文件，主要用来进行工序排产和车间成本统计，如表 2.16～表 2.18 所示。

表 2.16 P0001-经济型童车工艺规则

工序	部门	工序描述	工作中心	加工工时
10	生产计划部-机加车间	经济型童车架加工	普通(或数控)机床	虚拟 1 天
20	生产计划部-组装车间	经济型童车组装	组装生产线	虚拟 1 天

表 2.17 P0002-舒适型童车工艺规则

工序	部门	工序描述	工作中心	加工工时
10	生产计划部-机加车间	舒适型童车架加工	普通(或数控)机床	虚拟 1 天
20	生产计划部-组装车间	舒适型童车组装	组装生产线	虚拟 1 天

表 2.18 P0003-豪华型童车工艺规则

工序	部门	工序描述	工作中心	加工工时
10	生产计划部-机加车间	豪华型童车架加工	数控机床	虚拟 1 天
20	生产计划部-组装车间	豪华型童车组装	组装生产线	虚拟 1 天

(五) 产品研发费用

制造业初始默认的生产许可为经济型童车,随着企业运营能力的提高,需要生产舒适型或豪华型童车,该企业则在服务公司购置相应的生产技术成果,代表企业已完成新产品的研发,可以立即开工生产。舒适型、豪华型童车产品研发时间:虚拟 1 天。研发明细如表 2.19 所示。

表 2.19 研发明细

研发类型	价格(元)
舒适型	1 000 000.00
豪华型	1 500 000.00

(六) ISO 认证

ISO 认证

制造业进行生产前,首先进行 ISO 9000 的资质认证,制造业生产计划部需要前往服务公司办理本企业的 ISO 9000 资质认证的业务。具体费用为 50 000 元/次,认证一次即可。

(七) 3C 认证

3C 认证

制造业进行销售出库前,首先进行 3C 的资质认证,初始默认的生产许可为经济型童车,制造业生产计划部需要前往服务公司办理相应产品的 3C 认证。具体费用为 22 000 元/次,认证一次即可。3C 认证明细如表 2.20 所示。

表 2.20　3C 认证明细

产　　品	CCC 认证费用(元)
经济型童车	22 000
舒适型童车	22 000
豪华型童车	22 000

三、采购规则

在实训中,制造业的原材料采购只能从工贸企业类型的企业进行采购,不能从其他类型的企业进行采购。工贸企业的库存商品只可以从虚拟的供应商市场中进行采购,采购数量没有限制,但数量受制于工贸企业自身的资金与仓库容量的限制。商贸企业的库存商品只可以从制造业处采购,价格与数量由制造业与商贸企业之间的合作决定。在采购过程中产生的物流费承担规则是谁采购谁承担,但工贸企业的采购忽略物流费核算,工贸企业系统操作时,选择需要购买的商品后,要先行支付采购货款,才能办理到货入库业务。

采购双方需要签订纸质《购销合同》,制造业根据《购销合同》在系统中制作采购订单,由工贸企业进行确认,确认后工贸企业可以发货,制造业接货入库,双方再根据《购销合同》中结算约定进行收付款。同样的,商贸企业根据《购销合同》在系统中制作采购订单,由制造企业进行确认,确认后制造企业可以发货,商贸企业接货入库,双方再根据《购销合同》中结算约定进行收付款。

四、销售规则

实训中制造业可以销售童车给经销商、国际贸易企业、连锁企业,也可以通过招投标直接进行销售,还可以销售童车给中部地区的虚拟经销商,但销售之前,需要完成市场开拓,再广告投放,然后再根据竞单得分排名决定选单顺序。制造业销售给经销商类型企业,需要签订合同并在系统中录入订单相关信息,订单相关信息作为系统中发货、结算的依据;经销商可以销售童车给东区、西区、南区、北区地区的虚拟经销商。销售之前,需要完成市场开拓,然后再广告投放,然后再根据竞单得分排名决定选单顺序。

制造业销售给中部市场或者经销商销售给东西南北部地区前,要首先进行市场开拓。企业需要前往服务公司办理市场开拓的业务,首先开拓中部市场,具体费用为 531 000 元。开拓后投入广告费,广告费的投放金额为 10 万元起投,以万元为单位递增,投入广告费后,依据得分由高到低依次选择市场订单。

五、财务规则

（一）会计期间

在会计分期假设下，企业的会计期间分为年度和中期，此案例的会计期间是月度（2020年1月），虚拟财务工作日为5日与25日。

（二）结算方式

结算方式采用现金结算、转账支票和电汇三种方式。原则上，日常经济活动，低于2 000元的可以使用现金，超过2 000元的一般使用转账支票结算（差旅费或支付给个人业务除外），转账支票用于同一票据交换区内的结算。异地付款一般采用电汇方式。

（三）税费相关

本次实训过程中，涉及的税种包括增值税、个人所得税、企业所得税、城市建设维护税、教育费附加。

（四）存货计价

存货核算按照实际成本核算，原材料计价采用实际成本计价，材料采购按照实际采购价入账，材料发出按照全月一次加权平均计算材料成本。

全月一次加权平均相关计算：

$$\text{材料平均单价}=\frac{\text{期初库存数量}\times\text{库存单价}+\text{本月实际采购入库金额}}{\text{期初库存数量}+\text{本月实际入库数量}}$$

$$\text{材料发出成本}=\text{本月发出材料数量}\times\text{材料平均单价}$$

（五）固定资产取得方式及折旧

固定资产均通过购买的方式取得。固定资产购买当月不计提折旧，从次月开始计提折旧，出售当期须计提折旧，下月不提折旧。固定资产折旧按照直线法计提。

（六）制造费用的归集及分配

各生产车间发生的各项直接费用和共同发生的间接费用分配计入制造费用。（车间发生直接费用分别计入制造费用——X车间，间接费用按分配标准分配后再计入各车间制造费用中）

生产计划部发生的各项费用计入制造费用，如管理人员的工资、固定资产的折旧、办公费等。

（七）成本核算规则

产品成本包括直接材料、直接人工和制造费用。

制造费用中车间的费用直接计入该车间生产的产品成本，如果该车间有两个及以上产品生产，则按照产品生产工时分配车间制造费用。

增值税

企业所得税

个人所得税

弘扬依法纳税好风尚，激励诚实守信正能量

存货计价方法

制造费用归集和分配

月末在产品只计算其所耗用的原材料费用，不计算制造费用和人工费用。即结转当期生产成本的金额为：期初生产成本（直接材料）＋本期归集的直接人工＋本期归集的制造费用。

成本归集规则：直接材料成本归集按照“材料出库单的发出数量×平均单价”来计算，人工成本为当月计算的生产车间的生产工人工资，包括生产管理人员和生产工人的工资。

半成品核算规则：车架为半成品，车架核算的范围为车架原材料、生产车架发生的人工费、制造费，以及分摊的相关生产制造费用。

产品之间费用分配：如果同一车间生产不同产品，以各产品完工数量为分配标准，分配该车间直接制造费用和间接制造费用。

（八）票据使用规则

增值税专用发票使用规定

企业使用的支票必须到银行购买使用，任何企业和个人不得自制支票；从银行取得的支票，发生的费用计入财务费用中；企业制定完善的票据使用登记制度，记入支票登记簿，以备检查；企业为一般纳税人开具增值税专用发票；取得的增值税专用发票，增值税进项税额需要进行申报、抵扣联认证、缴纳；购销双方的结算必须以增值税发票为依据，不取得发票的不能进行结算。税务局有定期的发票使用情况检查，税务局有权对发票使用不合法企业进行行政罚款。

（九）企业抵押贷款规则

制造业，经销商，工贸企业可向中国工商银行申请抵押贷款。贷款金额0～1 000万元，贷款期限1～12个月，企业可根据自身情况申请贷款金额与期限。企业抵押贷款利率如表2.21所示。

表2.21　企业抵押贷款利率（信息再核对）

年利率(%)	6	7	8	9	10	11	12
月利率(%)	0.50	0.58	0.67	0.75	0.83	0.92	1.00

申请企业抵押贷款所需基本资料：营业执照，法人代表身份证，银行开户许可证，最近一期财务报表（均需加盖财务印鉴）。抵押保证：房屋产权。

还款方式：一次性还本付息。

六、人力规则

（一）薪资标准

薪资标准如表2.22所示。

表 2.22 薪酬信息

人员类别		月基本工资
总经理		12 000 元/月
部门经理		7 500 元/月
职能管理人员		5 500 元/月
营销部员工		4 500 元/月
生产工人	初级	3 600 元/月
	中级	4 000 元/月
	高级	4 600 元/月

基本工资、养老保险、医疗保险、生育保险、失业保险、工伤保险、住房公积金、缺勤扣款、代扣个人所得税、辞退补偿。

五险一金

企业辞退员工需支付辞退福利，辞退福利为三个月基本工资。

辞退当月的薪酬为：

$$\text{辞退当月薪酬}=\text{实际工作日数}\times\left(\text{月基本工资}\div\text{当月全勤工作日数}\right)+\text{辞退福利}$$

(二) 招聘费用

服务公司人员派遣费用：

初级工人 1 000 元/人，中级工人 1 200 元/人，高级工人 1 400 元/人。

七、物流规则

(1) 物流运输只针对工贸企业与制造业间的购销业务、制造业与经销商间的购销业务，其他类型组织的物流运输不走物流公司；

(2) 物流费用的支付由购货方支付；

(3) 物流费为货值货款金额的 5%(含税)。物流公司与其他企业签订运输合同 1 年。费用结算以运单为依据，详见合同，如出现争议，提交市场监督管理局进行协调。

(4) 运费分配率=运费÷材料总数量。

(5) 物流公司车辆信息(见表 2.23)。

表 2.23 物流公司车辆信息

车 型	最大载重(t)	最大容积(m^3)	车厢尺寸	数量(量)
短途运输车	4	13	4×1.8×1.8	40
短途运输车	8	40	7×2.4×2.5	20
牵引车	20	75	12.5×2.5×2.5	20

任务三 工作交接

任务背景

跨专业综合实训课程是一个全方位模拟企业运营的课程。同学们应聘上岗的虚拟组织是一个已经运行一段时间的企业，它已经积累了一定的人力、财力和物力，同学们需要通过工作交接环节了解这些经营数据，梳理企业业务关系；了解企业的上下游企业，为后续的正式模拟经营做好准备。

任务目标

1. 掌握并完成各组织岗位的工作交接内容。
2. 了解企业业务规则。
3. 培养全局意识和团队协作能力。

知识解析

一、各组织岗位工作交接

每个岗位工作交接的内容均不相同，对于会计岗位来说，工作交接的内容是进行重新建账或者进行年度结转；对于营销岗位来说，工作交接内容是了解企业下游企业，了解企业是否还有货款未收回，了解营销的业务流程。有的工作交接需要填写一些数据、制作一些文件，有的可能只需要查看了解背景即可，这些单据的形式有可能是在实训系统中填写的电子单据，有可能是自己建立的Excel或Word文件。

（一）工作交接任务列表

制造企业工作交接

表2.24为制造业工作交接任务列表。

表2.24 制造业工作交接任务列表

部　门	岗　位	需要了解的信息	需要填制的单据及种类
企管部	总经理、行政助理	企业经营策略	线上提交会议记录、公司章程(Word)、固定资产登记表(Excel)
人力资源部	人力资源经理、人力资源助理	企业人员信息、工资与五险一金标准等	人员信息表(Excel)、考勤表(Excel)
营销部	营销经理、市场专员、销售专员	市场预测、客户信息、期初库存等	销售合同执行统计表(Excel)、客户信息汇总表(Excel)

续 表

部 门	岗 位	需要了解的信息	需要填制的单据及种类
采购部	采购经理、采购员	采购价格、供应商信息、期初库存等	采购合同执行统计表(Excel)、供应商信息汇总表(Excel)
仓储部	仓储经理、仓管员	库存信息	库存台账(线上单据或Excel)
财务部	财务经理、财务会计、出纳、成本会计	期初余额	总账、明细账、日记账(均为线上单据或Excel)
生产计划部	生产计划经理、生产计划员、车间管理员	投产情况、产能情况等	无

除了以上单据，各部门经理还需要起草一份Word版的部门管理制度。

表2.25为商贸企业工作交接任务列表，表2.26为工贸企业工作交接任务列表。

商贸企业工作交接指导手册

表2.25 商贸企业工作交接任务列表

部 门	岗 位	需要了解的信息	需要填制的单据及种类
企管部	总经理、行政经理	企业基本情况及人员信息	线上提交会议记录、公司章程(Word)、固定资产登记表(Excel)
营销部	营销经理	客户信息	销售合同执行统计表(Excel)
采购部	采购经理	供应商信息	采购合同执行统计表(Excel)
仓储部	仓储经理	库存信息	库存台账(线上单据或Excel)
财务部	财务经理、出纳	期初余额	总账、明细账、日记账(均为线上单据或Excel)

工贸企业工作交接指导手册

表2.26 工贸企业工作交接任务列表

岗 位	需要了解的信息	需要填制的单据及种类
总经理	监督协调、组织会议	线上提交会议记录、公司章程(Word)
业务主管	企业基本情况、期初库存、供应商信息、客户信息	销售合同执行统计表(Excel) 库存台账(线上单据或Excel) 采购合同执行统计表(Excel)
行政主管	企业人员信息、期初余额	考勤表(Excel) 固定资产登记表(Excel)
财务主管	期初余额	日记账、明细账(线上单据或Excel)

实训中各组织不一定严格按照工作交接任务列表去操作，更加要关注的是组织间成员的互相协调、互相帮助和互相沟通。

跨专业综合实训中的其他组织主要是配合工贸、制造、商贸这三类主要企业的业务，工作交接任务没有以上三个组织多，其交接任务如表 2.27 所示。

其他组织工作交接

各组织信息

单据编号规则

各组织运营规则

各组织岗位职责

表 2.27　其他组织的工作交接任务

组　织	岗　位	需要了解的信息	需要填制的单据及种类
国贸企业	总经理	监督、协调、组织会议	线上提交会议记录
	内陆业务经理	本企业基本信息、供应商信息、仓储信息	采购合同执行统计表(Excel)
	进出口业务经理		库存台账(线上单据或Excel)
连锁企业	总经理	监督、协调、组织会议	线上提交会议记录
	东区店长、西区店长	本企业基本信息、供应商信息、仓储信息	销售日报表(Excel)、采购合同执行统计表(Excel)
	仓储经理		库存台账(线上单据或Excel)
物流企业	总经理	本企业基本信息、车辆信息、运输费用、客户信息、承运存货档案	线上提交会议记录
	业务经理		物流合同执行统计表(Excel)
招投标企业	总经理	学习公司注册流程	公司注册流程
会计师事务所	项目经理	监督、协调、组织会议	线上提交会议纪要
	审计师	了解审核的相关概念，熟悉制造企业的业务流程和内部控制制度	审计工作流程(Word)
	审计助理	搜集客户信息	客户信息表(Excel)
银行	柜员	了解各企业开户信息	企业开户信息
市场监督管理局、税务局、海关	专员	学习公司注册流程	
人社局	专员	学习公司注册流程，学习五险一金知识	
服务公司	总经理	学习公司注册流程	
	业务员	学习公司注册流程	

在工作交接过程中，每个岗位都有相应的工作手册，在实训系统中都会以背景资料的形式进行展示，本书将以二维码的形式展现。

因为工作交接是分岗位进行的，为了使组织内部的其他成员全面了解企业情况，可在工作交接任务完成后，召开组织会议，每个岗位就企业现有资源进行汇总汇报，使同一组织内部信息互通。

项目三
供产销仿真实训

任务一　制造企业采购与付款业务仿真实训

任务背景

跨专业综合实训中涉及采购与付款业务主要有三种：一种是工贸企业从虚拟供应商采购付款业务；一种是制造企业从工贸企业采购付款业务；一种是商贸企业从制造企业采购付款业务。对于制造企业从工贸企业采购业务来说，它同样可以叫工贸企业向制造业销售收款业务；商贸企业从制造企业采购付款业务同样可以叫制造业向商贸企业销售收款业务。它们之间有相同或类似的规则，比如均是由购买方发起，由购买方找销售方签订购销合同并在系统中录入订单；均是由购买方联系物流公司进行运输，运费由购买方承担；均是由购买方货物先入库后收到发票再支付货款。本手册将重点介绍制造企业采购与付款业务，另外几种将以二维码的形式展现。

经销商采购与付款业务仿真实训

工贸企业采购与付款业务仿真实训

教材案例为好佳童车厂向丰达工贸有限公司采购童车配件，实训中实际填写应为开课各组织名称。任务背景如下：

2020 年 1 月 5 日，制造业与工贸企业签订采购合同。

依据 MPR 计算得出，制造业采购需求数量如下：

商品名称	采购数量
钢管	9 600
坐垫	4 800
车篷	4 800
车轮	19 200
经济童车包装套件	4 800

制造业与每一家工贸企业所签订合同的材料数量如下（注：T 代表工贸企业开课组数，本次课程数据以四组工贸企业为例）：

商品名称	采购数量
钢管	9 600/T
坐垫	4 800/T
车篷	4 800/T
车轮	19 200/T
经济童车包装套件	4 800/T

序号	品　名	规　格	单位	到货时间	付款时间	数量	单价（含税）	未税金额	金额(含税)小计
1	钢管	Φ外 16/Φ内 11/L5000MM	根	2020.1.25	2020.1.25	2 400	121.80	258 690.27	292 320.00
2	坐垫	HJM500	个	2020.1.25	2020.1.25	1 200	92.80	98 548.67	111 360.00
3	车篷	HJ72×32×40	个	2020.1.25	2020.1.25	1 200	164.72	174 923.89	197 664.00
4	车轮	HJΦ外 125×Φ内 60 mm	个	2020.1.25	2020.1.25	4 800	31.32	133 040.71	150 336.00
5	经济童车包装套件	HJTB100	个	2020.1.25	2020.1.25	1 200	103.24	109 635.40	123 888.00
金额合计								774 838.94	875 568.00

任务目标

1. 熟悉采购与付款业务流程。
2. 熟悉采购与付款业务涉及单据填写。

知识解析

制造企业从工贸企业采购付款业务任务主要需要五个环节：与工贸企业签订购销合同、录入采购订单并确认订单、接到发货单并向物流下达运输订单、物流公司去工贸取货并开发票、制造业到货并办理入库。每个环节又包含若干流程。

一、与工贸企业签订购销合同

（一）与工贸企业签订购销合同流程

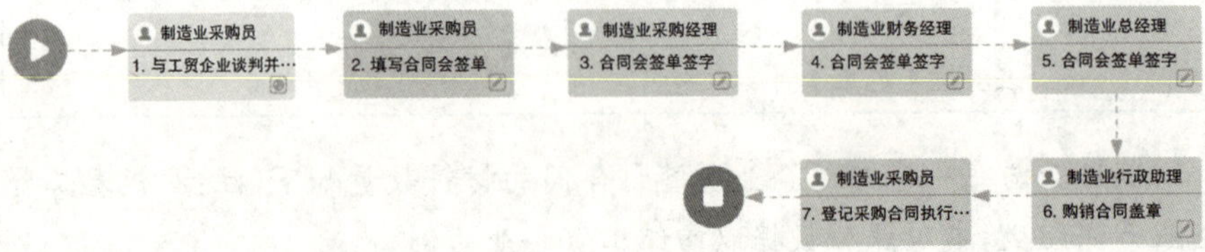

（二）与工贸企业签订购销合同任务实施说明

编　号	名　称	执行角色	作业流程说明
1	与工贸企业谈判并签订采购合同	制造业采购员	1. 商务谈判：谈判准备拟定谈判策略—谈判实施—结果整理； 2. 签订合同：根据谈判约定拟制购销合同，双方确认一致并签订合同，一式两份
2	合同会签单填写与审核	制造业采购员	1. 根据合同的信息填写合同会签单； 2. 将购销合同和合同会签单提交给采购部经理审核合同会签单
		制造业采购经理	1. 采购经理接收采购员提交的购销合同及合同会签单； 2. 采购经理审核购销合同内容填写的准确性和合理性，审核同意后在合同会签单上签字确认； 3. 采购经理将购销合同和合同会签单发送给财务部经理进一步审核
		制造业财务经理	1. 财务经理接收采购经理提交的购销合同及合同会签单； 2. 财务经理审核购销合同内容填写的准确性和合理性，审核同意后在合同会签单上签字确认； 3. 财务经理将购销合同和合同会签单发送给总经理进一步审核
		制造业总经理	1. 总经理接收财务经理提交的购销合同及合同会签单； 2. 总经理审核购销合同内容填写的准确性和合理性，审核同意后在合同会签单上签字确认； 3. 总经理将购销合同和合同会签单发送给行政助理进一步审核
		制造业行政助理	1. 行政助理接收总经理发送的购销合同和合同会签单； 2. 检查合同会签单总经理是否签字，确认无误后行政助理给合同盖章，并将合同会签单与其中的一份购销合同存档； 3. 将购销合同发送给采购员
3	登记采购合同执行情况表	制造业采购员	1. 接收行政助理发送的购销合同； 2. 根据制造业与工贸企业签订好的购销合同，登记采购合同执行情况表； 3. 将购销合同送交供应商

（三）与工贸企业签订购销合同业务流程涉及单据填写样例

1. 购销合同

新道 seentao 教学专用

购销合同

合同编号：XC2020010001

购货单位（甲方）：好佳童车制造有限公司

销货单位（乙方）：丰达工贸有限公司

为了保护买卖双方的合法权益，买卖双方根据《中华人民共和国合同法》的有关规定，经友好协商，一致同意签订本合同，共同遵守。

第一条 购销明细：双方就以下产品达成购销合同。

序号	产品名称	规格型号	含税单价	数量	金额（元）	交货日期	付款日期
1	钢管	■■	121.80	2 400	292 320.00	2020－01－25	2020－01－25
2	坐垫	HJM500	92.80	1 200	111 360.00	2020－01－25	2020－01－25
3	车篷	HJ72×32×40	164.72	1 200	197 664.00	2020－01－25	2020－01－25
4	车轮	■■	31.32	4 800	150 336.00	2020－01－25	2020－01－25
5	经济童车包装套件	HJTB100	103.24	1 200	123 888.00	2020－01－25	2020－01－25
6							
7							
8							
9							
10							
11							
12							
13							
14							
15							
合计				10 800	875 568.00		

合同总金额大写人民币：捌拾柒万伍仟伍佰陆拾捌元整

第二条 交货时间与付款时间：交货时间：2020－01－25；

付款时间：2020－01－25。

第三条 交货地点：甲方指定的仓库。

第四条 付款方式：网银转账。

第五条 开票要求：按照质量、数量要求验收后即可开具发票。

用友新道科技有限公司 网址：www.seentao.com 电话：40066005599 编码：DJ0006 1/3

第六条　付款条件(客户):收到发票后核验无误即可付款。

第七条　收货条件(供应商):根据合同的要求,按时、保证商品质量。

第八条　运输方式与运输费用:甲方委托物流运输,产生的运费由甲方承担。

第九条　甲方要求乙方通过以下资质认证(选择对应选项)。

☐不做要求　☑ ISO 9000　☐ ISO 14000　☑ 3C

第十条　经济责任:

1. 产品品种、质量不符合本合同规定时,甲方拒绝接受,乙方承担相应费用。
2. 乙方未按本合同规定的产品数量交货时,发生延期交货的当期,扣除该张订单总额的 10%作为违约罚款。对于未能按期交货的部分,可以在三个月之内补齐。如果在三个月之内未能全部交货,未能交货部分甲方不再收货。

第十一条　甲、乙任何一方如要求全部或部分注销合同,必须提出充分理由,经双方协商提出注销合同一方须向对方偿付注销合同部分总额 10%的补偿金。

第十二条　本合同所订一切条款,甲、乙任何一方不得擅自变更或修改。如一方单独变更、修改本合同,对方有权拒绝生产或收货,并要求单独变更、修改合同一方赔偿一切损失。

第十三条　任何一方如确因不可抗力的原因,不能履行本合同时,应及时向对方通知不能履行或须延期履行,部分履行合同的理由。在取得有关机构证明后,本合同可以不履行或延期履行或部分履行,并全部或者部分免予承担违约责任。

第十四条　本合同在执行中如发生争议或纠纷,甲、乙双方应协商解决,解决不了时,双方可向仲裁机构申请仲裁或向人民法院提起诉讼(两者选一)。

第十五条　本合同自双方签章之日起生效,到乙方将全部订货送齐经甲方验收无误,并按本合同规定将货款结算以后作废。

用友新道科技有限公司　网址:www.seentao.com　电话:40066005599　编码:DJ0006　2/3

新道 seentao 教学专用

第十六条 本合同在执行期间，如有未尽事宜，由甲、乙双方协商，另订附则附于本合同之内，所有附则在法律上均与本合同同等效力。

第十七条 本合同一式两份，由甲、乙双方各执正本一份。

甲方：好佳童车制造有限公司（盖章）	乙方：丰达工贸有限公司（盖章）
法宝代表人：梁天（盖章）	法定代表人：赵金金（盖章）
委托代理人：（盖章）	委托代理人：（盖章）
地址：北京市海淀区北清路 6 号	地址：北京南四环中路 55 号
电话：010 - 62437783	电话：010 - 89458001
订日期：2020 - 01 - 05	签订日期：2020 - 01 - 05

用友新道科技有限公司 网址：www.seentao.com 电话：40066005599 编码：DJ0006 3/3

2. 合同会签单

合同会签单

单据编号：0201　　　　　　　　　　会签日期：2020 年 01 月 05 日

送签部门	采购部	签约人：法人	承办人：采购员	电 话：0311-83024777 E-mail：BJHJFHS0126.COM
合同名称	原材料采购合同		对方单位	丰达工贸
合同主要内　容	采购物品名称、规格、数量及价格，质量标准，验收方法，付款方式，交货地点，供货时间，包装与运输等		合同金额（大写）	合同价税合计金额
业务部门审批意见	已审阅合同，同意签约 部门经理： 采购部门经理			日期：　2020.01.06
财 务 部审批意见	财务经理：			日期：
总 经 理审批意见	总 经 理： (付款金额1万元以上的由总经理审批)			日期：
争议解决	合同内包括了可预见性的争议解决办法，对于不可预见的争议，双方协商解决。如有争议，申请“北京市仲裁委员会”仲裁，仲裁方案为最终裁终。			
归档情况	与合同一起归档，存于行政助理处			

3. 采购合同执行情况表

采购合同执行情况表

制表部门：采购部　　　　　　　　编制日期：2020 年 01 月 06 日

合同编号	合同总数	订单编号	供应商名称	物料编码	物料名称	计量单位	订货日期	订货数量	单价	总金额	计划交期	计划付款	已到数量	入库数量	不合格数量	到货日期	应付金额	已付金额	实际付款	开票情况	开票时间	备注
eg0001	2400	ed0001	丰达	B0001	钢管	根	2020-01	2 400	121.80	292 320	2020-01-06	2020-01	2 400	2 400	0	2020-01-06	292 320			已开	2020-01	

采购部门经理：　　　　　　　　采购员：

二、录入采购订单并确认订单

（一）录入采购订单并确认订单流程

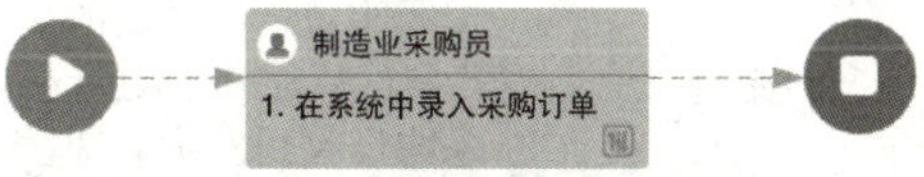

（二）录入采购订单并确认订单任务实施说明

编　号	名　称	执行角色	作业流程说明
1	录入采购订单	制造业采购员	1. 根据制造业与工贸企业签订好的购销合同，填写好纸质的采购订单； 2. 在系统中点击待办任务，在系统中填制采购订单，并录入系统中； 3. 通知工贸企业确认订单

（三）录入采购订单并确认订单业务流程系统操作

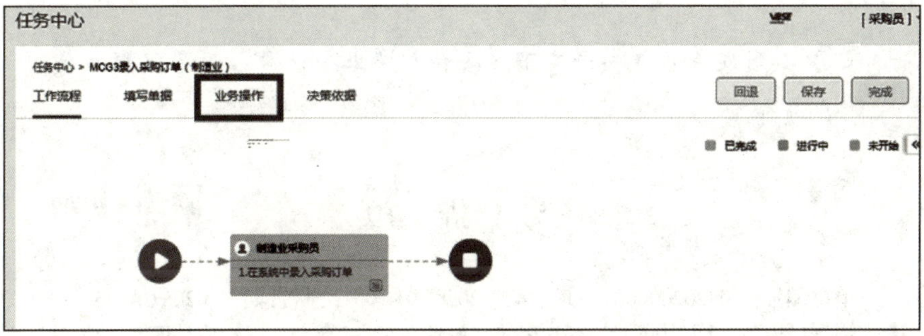

三、接到发货单并向物流下达运输订单

（一）接到发货单并向物流下达运输订单流程

（1）接到工贸企业的发货通知准备取货流程。

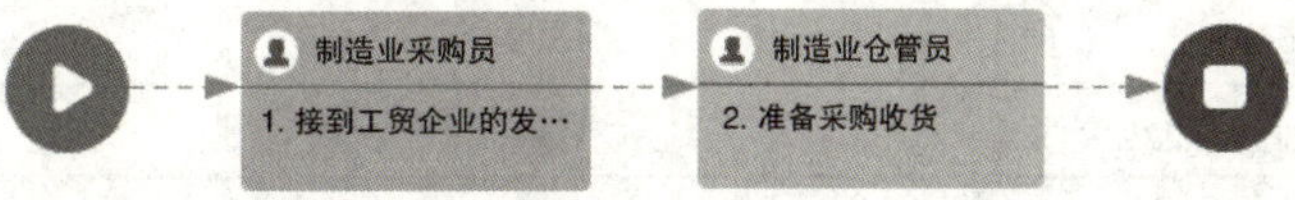

（2）向物流下达运输订单流程。

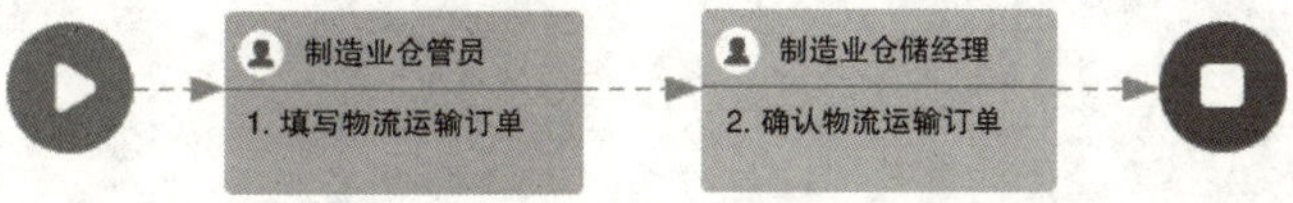

（二）接到发货单并向物流下达运输订单任务实施说明

编号	名称	执行角色	作业流程说明
1	接到工贸企业的发货通知，准备取货	制造业采购员	1. 按照购销合同约定的到货日期，工贸企业具备发货条件后通知采购员； 2. 采购员收到发货通知； 3. 采购员将发货通知发送给仓管员
		制造业仓管员	仓管员接受采购员发送的工贸企业的发货通知，并准备收货
2	向物流下达运输订单	制造业仓管员	1. 收到采购员的发货通知； 2. 按照购销合同约定的到货日期、发货计划、运输方式等要求联系物流公司； 3. 手工填写制运输订单
		制造业仓储经理	仓管员将运输订单交于仓管经理，由仓管经理审核

（三）接到发货单并向物流下达运输订单业务流程涉及单据填写样例

1. 发货单

发　货　单

单据编号：FH202000001　日　　期：2020-01-05　交货日期：2020-01-25
销售订单号：LJ110001　客户名称：好佳童车厂　仓　　库：成品库
业 务 员：李鑫　运输方式：路运　联 系 人：

产品名称	产品型号	发货数量	备　注
钢管		2400	
坐垫		1200	
车篷		1200	
车轮		4800	
经济型童车包装套件		1200	
合　计		10800	

第一联：营销部留存

营销部经理：　　账务部经理：　　客户确认：

2. 运输订单

运输订单									
运输订单号:ysdd2020010001									
托运人	好佳童车厂	地址	北京市海淀区北清路6号	电话	010-6243-7783	邮编	100094	装货地址	北京市南四环中路55号
收货人	好佳童车厂	地址	北京市海淀区北清路6号	电话	010-6243-7783	邮编	100094	卸货地点	北京市海淀区北清路6号
取货时间	20200105	到货时间	20200105	是否取送	取货、送货(可选取货,送货)	签单返回	运单、客户单据(可选运单,客户单据)	需要车种	半挂式货车
序号	货品名称	单位	体积(立方米)	重量(公斤)	数量	备注	费用		
1	钢管	根			2 400		运费	43 778.40	
2	坐垫	个			1 200		杂费	0.00	
3	车篷	个			1 200		保险费	0.00	
4	车轮	个			4 800				
5	包装套件	个			1 200				
合计					10 800	费用合计(大写):肆万叁仟柒佰柒拾捌元肆角零分		43 778.40	
*结算方式	托运人现结　托运人月结　收货人现结　收货人月结　第三方付费(可选)					预收款		付费账号	0100229999333823

*制单人　　*受理日期: 20200105　　*受理单位　隆飞物流有限责任公司

四、物流公司去工贸取货并开发票

（一）物流公司去工贸取货并开发票流程

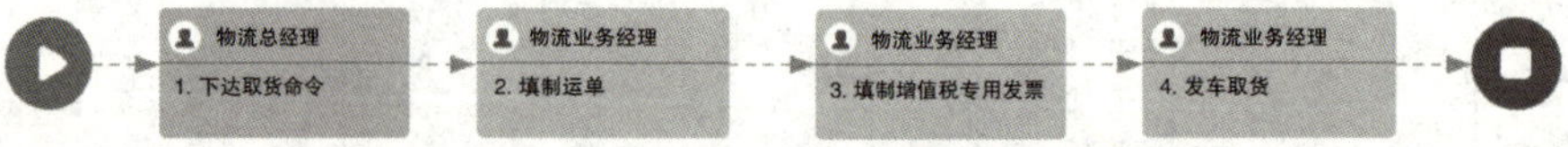

（二）物流公司去工贸取货并开发票任务实施说明

编号	名　称	执行角色	作业流程说明
1	下达取货命令	物流总经理	1. 根据运输订单下达取货命令 2. 将取货命令下达业务经理
2	填制运单	物流业务经理	1. 接收总经理取货命令 2. 根据运输订单填写运单
3	填制增值税专用发票	物流业务经理	根据运单填制增值税专用发票
4	发车取货	物流业务经理	带齐单据发车取货

（三）物流公司去工贸取货并开发票业务流程涉及单据填写样例

1. 运单

公路货物运单											
*日期		2020-01-05						*运单编号：	yd20200105002		
*发货人：	丰达工贸有限公司	地址	北京市南四环中路55号	电话：	010-89458001	*装货地点：	广州市越秀区沿江中路147号				
*收货人：	好佳童车厂	地址	北京市海淀区北清路6号	电话：	010-62437763	*卸货地点：	北京市海淀区北清路6号				
*付款人：	好佳童车厂	地址	北京市海淀区北清路6号	电话：	010-62437783	*约定起运时间：	20200105	*约定到达时间	20200105	*需要车种	半挂型货车
*货物名称及规格	包装形式	*件数	*体积 长×宽×高(cm)	*件重(kg)	*重量(t)	货物价值(元)	货物等级	计费项目			
								项目	里程(km)	单价(元)	金额(元)
钢管		2 400						*运费			43 778.40
坐垫		1 200									
车篷		1 200						装卸费			
车轮		4 800						单程空驶损失费			
包装套件		1 200						保价费			
合计		10 800						合计			43 778.40
托运人记载事项			（付款人银行账号）	0100229999333623		承运人记载事项			（承运人银行账号）	010022999900099019	
注意事项	1. 托运人请勿填写栏内项目。 2. 货物名称应填写具体品名，如货物品名过多，不能在托运单内逐一填写，必须另附货物清单。 3.保险或保价货物，在相应价格栏中填写货物声明价格							托运人签章： 2020年01月05日		承运人签章： 2020年01月05日	

2. 货物发票与运费发票

北京增值税专用发票

1123559117　　№ 62351276　　1123559117　62351276

机器编号：49992137610　　开票日期：2020年1月5日

购买方		密码区
名　　称：好佳童车制造有限公司 纳税人识别号：110100101032345 地 址、电 话：北京市海淀区北清路6号 010-62437783 开户行及账号：中国工商银行北京分行 0100229999333823		035926>3>2<0230937-8>1*26906 374*91/- +588247>>/*6+>-89233 785926>3>2<0230937*57+89>097 4/ 737-++ 690195*6067/ /42+2-72

货物或应税劳务、服务名称	规格型号	单位	数量	单价	金额	税率	税额
*商品*钢管		根	2400.00	107.79	258690.27	13%	33629.73
*商品*坐垫		个	1200.00	82.12	98548.67	13%	12811.33
*商品*车篷		个	1200.00	145.77	174923.89	13%	22740.11
*商品*车轮		个	4800.00	27.72	133040.71	13%	17295.29
*商品*经济型童车包装套件		个	1200.00	91.36	109635.40	13%	14252.60
合　　计					￥774, 838. 94		￥100, 729. 06
价税合计（大写）	⊗ 捌拾柒万伍仟伍佰陆拾捌元整				（小写）￥875, 568. 00		

销售方	备注
名　　称：丰达工贸有限公司 纳税人识别号：110100101029089327 地 址、电 话：北京市南四环中路55号 010-89458001 开户行及账号：中国工商银行北京支行 0100229999000099117	丰达工贸有限公司 110100101029089327 发票专用章

收款人：管理员　　复核：　　开票人：　　销售方：（章）

税总函〔2015〕340号北京印制有限公司

第三联：发票联　购买方记账凭证

北京增值税专用发票

1123559117　　№ 62351276　　1123559117　62351276

机器编号：49992137610　　开票日期：2020年1月5日

购买方		密码区
名　　称：好佳童车制造有限公司 纳税人识别号：110100101032345 地 址、电 话：北京市海淀区北清路6号 010-62437783 开户行及账号：中国工商银行北京分行 0100229999333823		035926>3>2<0230937-8>1*26906 374*91/- +588247>>/*6+>-89233 785926>3>2<0230937*57+89>097 4/ 737-++ 690195*6067/ /42+2-72

货物或应税劳务、服务名称	规格型号	单位	数量	单价	金额	税率	税额
*服务*物流运输					40163.67	9%	3614.73
合　　计					￥40, 163. 67		￥3, 614. 73
价税合计（大写）	⊗ 肆万叁仟柒佰柒拾捌元肆角整				（小写）￥43, 778. 40		

销售方	备注
名　　称：隆飞物流有限公司 纳税人识别号：100108231234856019 地 址、电 话：武汉市卓尔大街38号 027-64667658 开户行及账号：中国工商银行武汉支行 0100229999000099019	隆飞物流有限公司 100108231234856019 发票专用章

收款人：管理员　　复核：　　开票人：　　销售方：（章）

税总函〔2015〕340号北京印制有限公司

第三联：发票联　购买方记账凭证

五、制造业到货并办理入库

（一）制造业到货并办理入库流程

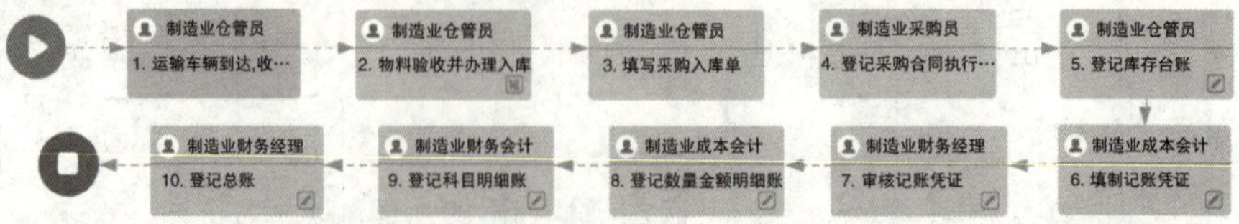

（二）制造业到货并办理入库任务实施说明

编号	名称	执行角色	作业流程说明
1	运输车辆到达，收到物流的运单	制造业仓管员	1. 接收供应商发来的材料，附有物流运单和实物； 2. 接收运输费发票与工贸企业发票； 3. 记录运输费发票金额并准备支付运输费； 4. 运输费发票与工贸企业发票交采购员
2	物料验收并办理入库	制造业仓管员	1. 根据发货单和质量检验标准进行质量、数量、包装等检测； 2. 检验无误，在发货单上签字收货； 3. 在 VBSE 系统中办理采购入库
3	填写采购入库单	制造业仓管员	1. 填写采购入库单(一式三联)； 2. 将采购入库单提交给仓储部经理； 3. 将审核后的入库单自留一份；另外两联交采购部和财务部(其中一份的原采购入库单发送给采购员)
4	登记采购合同执行情况表	制造业采购员	1. 接收仓管员发送的采购入库单、运输费发票、工贸企业发票； 2. 登记采购合同执行情况表； 3. 记录工贸企业发票金额并准备支付工贸企业贷款； 4. 将运输费发票、工贸企业发票(发票联和抵扣联)和对应的采购入库单的财务联送交财务
5	登记库存台账	制造业仓管员	1. 接收采购入库单； 2. 根据入库单登记库存台账
6	填制与审核记账凭证	制造业成本会计	1. 根据发票填制记账凭证，将发票和原材料入库单粘贴到记账凭证后面作为附件； 2. 将记账凭证交财务经理审核
6	填制与审核记账凭证	制造业财务经理	1. 接收成本会计交给的记账凭证，进行审核； 2. 审核无误后，在记账凭证上签字或盖章； 3. 交还成本会计登记数量金额明细账
7	登记账簿	制造业成本会计	根据审核无误的记账凭证填写数量金额明细账
7	登记账簿	制造业财务会计	1. 根据审核无误的记账凭证填写科目明细账； 2. 记账后在记账凭证上签字盖章
7	登记账簿	制造业财务经理	1. 根据审核无误的记账凭证填写科目总账； 2. 记账后在记账凭证上签字盖章

（三）制造业到货并办理入库流程涉及单据填写样例

1. 采购入库单

新道 seentao 教学专用

采购入库单

制单日期：2020-01-05　　　　仓　　库：原材料库
供应商名称：丰达工贸　　　　类　　型：原材料采购
单据编号：CK202000001　　　　采购订单号：CD202000001

序号	品　名	规格型号	单位	入库时间	数量	备注
1	钢管		根	2020-01-05	2400	
2	坐垫		个	2020-01-05	1200	
3	车篷		个	2020-01-05	1200	
4	车轮		个	2020-01-05	4800	
5	包装套件		个	2020-01-05	1200	
合 计						

仓储部经理：何明海　　　　仓管员：王宝珠

第一联：仓储部

新道科技股份有限公司　网址：www.seentao.com　电话：4006600599　编码：DJ0153

2. 库存台账

库存台账

物料名称:钢管　规格　　　　最高库存
物料编号:B0001　存放仓库　　　　最低库存　　　　计量单位 辆

2019年		凭证号数	摘要	入库			出库			结存		
月	日			数量	单价	金额	数量	单价	金额	数量	单价	金额
1	5		上期结转							10 800	105.20	1 136 160.00
1	5		车架生产出库				9 600	108.17	1 038 432.00	1 200		
1	25		采购到货	2 400	111.51	267 618.27				3 600		
1	25		采购到货	2 400	111.51	267 618.27				6 000		
1	25		采购到货	2 400	111.51	267 618.27				8 400		
1	25		采购到货	2 400	111.51	267 618.27				10 800		
1	25		车架生产出库				9 600	108.17	1 038 432.00	1 200		129 769.08
合计												

注:全月一次平均成本＝108 168.3。

入库金额包括两个部分,一个是采购不含税价格,另外一个是不含税物流费。

根据物流合同,含税物流费为采购货物价税合计金额的5%,为43 778.4元(＝875 568×5%),故不含税物流费40 163.67元(＝43 778.4÷1.09)。

物流费以采购的原材料总数量为标准进行分配，分配率 3.72[＝40 163.67÷(2 400＋1 200＋1 200＋4 800＋1 200)]。钢管需承担的物流费 8 928 元(＝2 400×3.72)。

钢管的入库金额＝采购不含税金额＋分配的物流费

＝258 690.27＋8 928＝267 618.27(元)

钢管的入库单价＝钢管的入库金额÷采购数量

＝267 618.27/2 400＝111.51(元/根)

其他原材料入库金额与入库单价依照此方法进行计算。

原材料出库单价采用全月一次加权成本法来核算。全月一次加权平均法是在月末计算一次平均单价，用该单价乘以发出材料数量，即为发出材料的实际成本。

$$钢管的出库单价=\frac{期初库存实际成本+本期购入存货实际成本}{期初库存量+本期购入存货实际数量}$$

＝(1 136 160＋267 618.27×4)÷(10 800＋2 400×4)

＝108.17(元/根)

温馨提示

库存台账，不属于会计核算中的账簿系统，不是会计核算时所记的账簿，它是企业为了加强某方面的管理、更加详细地了解某方面的信息而设置的一种辅助账簿，现实生活中，库存台账没有固定的格式，没有固定的账页，企业可根据实际需要自行设计，尽量详细，以全面反映某方面的信息。库存台账是仓库所有物品的收发存记录，一般不需要反映金额，若能反映更好。

3. 记账凭证

记账凭证

2020年1月25日　　　记字　第017 号

摘要	总账科目	明细科目	借方金额	贷方金额	√	
采购到货办理入库（丰达1）	原材料	钢管	267,618.27			附
	原材料	坐垫	103,012.67			
	原材料	车轮	150,896.71			
	原材料	车篷	179,387.89			件
	原材料	经济型童车包装套件	114,087.07			2
	应交税费	应交增值税（进项税额）	104,343.79			
	应付账款	丰达工贸1		875,568.00		
	应付账款	隆飞物流		43,778.40		张
合计			¥919,346.40	¥919,346.40		

财务主管　记账　出纳　审核　制单

任务二　制造企业生产业务仿真实训

任务背景

制造企业的生产业务是跨专业综合实训的核心环节，主要包括编制生产计划和物料需求计划、派工领料、完工入库等业务。

本教材以好佳童车厂为例，实际填写应为本次开课各组织名称。

2020 年 1 月 5 日，制造企业整理销售需求。

制造企业与每家商贸公司签订购销合同数量如下：

每家制造企业的供应量为 4 800 辆经济型童车，假设本次课程开设四家商贸公司，则一家制造企业向每家商贸公司的销售数量就为 1 200 辆(＝4 800÷4)。

存货编码	存货名称	数 量	单 位	含税单价(元)	金额(元)	到货日期	付款日期
P0001	经济型童车	1 200	辆	1 010.32	1 212 384.00	1 月 25 日	1 月 25 日

任务目标

1. 了解制造企业生产业务流程。
2. 熟悉制造企业生产业务涉及单据填写。

知识解析

制造企业的生产业务主要包括七个环节：销售部门整理销售需求、编制主生产计划、编制物料净需求计划、派工领料生产车架、派工领料生产童车、车架完工入库、童车完工入库。每个环节又包含若干流程。

一、销售部门整理销售需求

（一）销售部门整理销售需求流程

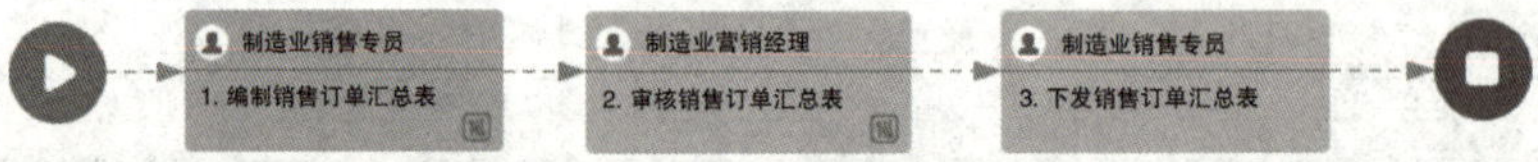

（二）销售部门整理销售需求任务实施说明

编 号	名 称	执行角色	作业流程说明
1	编制并审核销售订单汇总表	制造业销售专员	1. 根据销售订单和销售预测整理编制销售订单汇总表(一式两联，销售、生产各一联)； 2. 编制完成后报营销部经理审核
		制造业营销经理	1. 接收销售专员编制的销售订单汇总表； 2. 依据市场状况进行审核，无误后签字并返回销售专员
2	下发销售订单汇总表	制造业销售专员	1. 将营销经理审核过的销售订单汇总表送生产计划部生产计划员并签收(作为制定 MPS 的主要依据)； 2. 将营销部经理审核过的销售订单汇总表送采购部采购员并签收(作为采购计划的整体指导)

（三）销售部门整理销售需求流程涉及单据填写样例

1. 销售计划

经济型童车销售计划

	1月		2月		3月		4月		5月	
	5	25	5	25	5	25	5	25	5	25
订单数量	4 800	0	0	0	0	0	0	0	0	0
交货数量	4 800									
安全库存	5 400	5 400	5 400	5 400	5 400	5 400	5 400	5 400	5 400	5 400
期初库存	5 400									
实际库存	600	5 400								
生产订单	4 800									
完工数量		4 800								

2. 销售订单汇总表

新道 seentao 教学专用

销售订单汇总表

编制日期：2020 年 1 月 5 日

产品名称	数量	单位	合同约定交货日期	货品型号
经济型童车	1200	辆		
经济型童车	1200	辆		
经济型童车	1200	辆		
经济型童车	1200	辆		

ttao.com 电话：4006600599 编码：DJ0009

第一联：营销部留存

二、编制主生产计划

编制主生产计划表需要了解企业的安全库存。本实训每家制造企业的安全库存均为 5 400。本实训中制造业生产的批量为 100，即开工生产的数量要为 100 或者 100 的倍数。

（一）编制主生产计划流程

（二）编制主生产计划任务实施说明

编　号	名　称	执行角色	作业流程说明
1	编制主生产计划	制造业生产计划员	1. 依据接收的销售订单汇总表，结合各车间的生产能力、产品库存状况编制主生产计划计算表； 2. 主生产计划表为 Excel 电子表，需要从老师处拷贝； 3. 将主生产计划表交车间管理员核验，然后交生产计划部经理审批
2	核验主生产计划	制造业车间管理员	1. 根据车间产能检查主生产计划是否可行（如不可行，返回第一步重新调整编制）； 2. 核对确认后签字交还给生产计划员
3	审批主生产计划	制造业生产计划经理	审批车间管理员核验过的主生产计划，签字后交还给生产计划员

（三）编制主生产计划流程涉及单据填写样例

经济型童车主生产计划计算表

<table>
<tr><td>生产批量</td><td>100</td><td rowspan="2">12 月</td><td colspan="2" rowspan="2">1 月</td><td colspan="2" rowspan="2">2 月</td><td colspan="2" rowspan="2">3 月</td><td colspan="2" rowspan="2">4 月</td></tr>
<tr><td>安全库存</td><td>5 400</td></tr>
<tr><td colspan="2">日期</td><td>25</td><td>5</td><td>25</td><td>5</td><td>25</td><td>5</td><td>25</td><td>5</td><td>25</td></tr>
<tr><td colspan="2">销售预测</td><td></td><td>4 000</td><td>0</td><td>4 800</td><td>4 800</td><td></td><td></td><td></td><td></td></tr>
<tr><td colspan="2">销售订单</td><td></td><td>4 800</td><td>0</td><td>0</td><td>0</td><td></td><td></td><td></td><td></td></tr>
<tr><td colspan="2">预计生产量</td><td>0</td><td>4 800</td><td>0</td><td>4 800</td><td>4 800</td><td>0</td><td>0</td><td>0</td><td>0</td></tr>
<tr><td colspan="2">期初库存</td><td>5 400</td><td>600</td><td>5 400</td><td>5 400</td><td>5 400</td><td>5 400</td><td>5 400</td><td>5 400</td><td>5 400</td></tr>
<tr><td colspan="2">安全库存</td><td>5 400</td><td>5 400</td><td>5 400</td><td>5 400</td><td>5 400</td><td>5 400</td><td>5 400</td><td>5 400</td><td>5 400</td></tr>
<tr><td colspan="2">可用库存</td><td>0</td><td>−4 800</td><td>0</td><td>0</td><td>0</td><td>0</td><td>0</td><td>0</td><td>0</td></tr>
<tr><td colspan="2">生产能力</td><td>5 000</td><td>5 000</td><td>5 000</td><td>5 000</td><td>5 000</td><td></td><td></td><td></td><td></td></tr>
<tr><td colspan="2">生产批量</td><td>100</td><td>100</td><td>100</td><td>100</td><td>100</td><td>100</td><td>100</td><td>100</td><td>100</td></tr>
<tr><td colspan="2">预计主生产计划量</td><td>4 800</td><td>4 800</td><td>4 800</td><td>4 800</td><td>0</td><td>0</td><td>0</td><td>0</td><td>0</td></tr>
<tr><td colspan="2">实际主生产计划量</td><td>0</td><td>4 800</td><td>4 800</td><td>4 800</td><td>0</td><td>0</td><td>0</td><td>0</td><td>0</td></tr>
<tr><td colspan="11">P.S.期初库存是在计算了本月完工入库和销售出库的数量之后得到的本期期初库存</td></tr>
</table>

安全库存

三、编制物料净需求计划

产品的生产需要严格按照产品的 BOM 表进行领料，如果没有按照比例领料生产，则会出现车间余存，占用厂方的位置。产品的采购需要严格按照产品的 BOM 表的比例进行采购。物料净需求计划表需要严格按照产品的 BOM 表进行编制。

（一）编制物料净需求计划流程

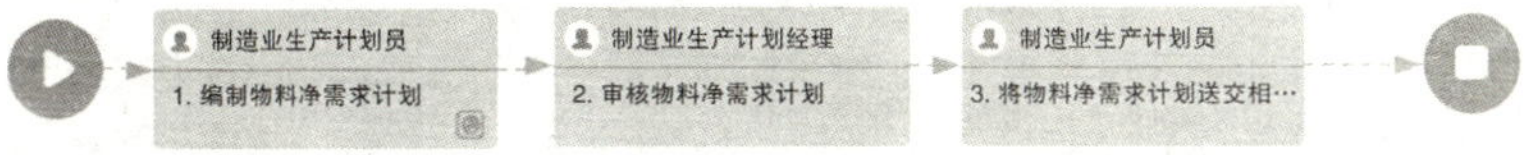

（二）编制物料净需求计划任务实施说明

编号	名　称	执行角色	作业流程说明
1	编制物料净需求计划	制造业生产计划员	1. 根据主生产计划及物料清单，确定各原材料生产需求量； 2. 查询所需原材料库存情况，确认各原材料净需求； 3. 参考教学资源中“主生产计划计算表”编制物料净需求计划，将计算结果填写线下物料净需求表单； 4. 将物料净需求计划单送车间管理员校对，送生产计划部经理审批
2	审核物料净需求计划	制造业生产计划经理	1. 生产计划经理收到生产计划员的物料净需求计划，核对计算是否正确； 2. 生产计划经理审核物料净需求计划中物料净需求时间与数量是否同主生产计划一致； 3. 生产计划经理确认后批准交还给生产计划员
3	将物料净需求计划送交相关部门	制造业生产计划员	1. 生产计划员将第一联留下用来安排生产； 2. 第二联送采购部经理以便其安排采购

（三）编制物料净需求计划流程设计单据填写样例

1. 物料需求计划计算表

产成品物料需求计划计算表

物料编号	物料名称		12月	1月		2月		3月		4月	
			25	5	25	5	25	5	25	5	25
M0001	经济型童车车架	需求量	0	4 800	4 800	4 800	0	0	0	0	0
M0002	舒适型童车车架	需求量	0	0	0	0	0	0	0	0	0
M0003	豪华型童车车架	需求量	0	0	0	0	0	0	0	0	0

续　表

物料编号	物料名称		12月	1月		2月		3月		4月	
			25	5	25	5	25	5	25	5	25
M0005	车篷	需求量	0	4 800	4 800	4 800	0	0	0	0	0
M0006	车轮	需求量	0	19 200	19 200	19 200	0	0	0	0	0
M0007	经济型童车包装套件	需求量	0	0	0	0	0	0	0	0	0
M0008	数控芯片	需求量	0	0	0	0	0	0	0	0	0
M0009	舒适型童车包装套件	需求量	0	0	0	0	0	0	0	0	0
M0010	豪华型童车包装套件	需求量	0	0	0	0	0	0	0	0	0

半成品物料需求计划计算表

物料编号	物料名称		12月	1月		2月		3月		4月	
			25	5	25	5	25	5	25	5	25
B0001	钢管	需求量	9 600	9 600	9 600	0	0	0	0	0	0
B0002	镀锌管	需求量	0	0	0	0	0	0	0	0	0
B0003	坐垫	需求量	4 800	4 800	4 800	0	0	0	0	0	0
B0004	记忆太空棉坐垫	需求量	0	0	0	0	0	0	0	0	0

2. 物料净需求计划计算表

产成品物料净需求计划计算表

物料编号	物料名称	生产批量	12月	1月		2月		3月		4月	
		100	25	5	25	5	25	5	25	5	25
M0001	经济型童车车架	需求量	0	4 800	4 800	4 800	0	0	0	0	0
		期初库存	5 400	600	600	600	600	600	600	600	600
		安全库存	600	600	600	600	600	600	600	600	600
		可用库存	4 800	0	0	0	0	0	0	0	0
		预计净需求量	0	4 800	4 800	0	0	0	0	0	0
		实际净需求量	0	4 800	4 800	0	0	0	0	0	0
M0002	舒适型童车车架	需求量	0	0	0	0	0	0	0	0	0
		期初库存	0	0	0	0	0	0	0	0	0
		安全库存	0	0	0	0	0	0	0	0	0
		可用库存	0	0	0	0	0	0	0	0	0
		预计净需求量	0	0	0	0	0	0	0	0	0
		实际净需求量	0	0	0	0	0	0	0	0	0

续　表

物料编号	物料名称	生产批量	12月	1月		2月		3月		4月	
		100	25	5	25	5	25	5	25	5	25
M0003	豪华型童车车架	需求量	0	0	0	0	0	0	0	0	0
		期初库存	0	0	0	0	0	0	0	0	0
		安全库存	0	0	0	0	0	0	0	0	0
		可用库存	0	0	0	0	0	0	0	0	0
		预计净需求量	0	0	0	0	0	0	0	0	0
		实际净需求量	0	0	0	0	0	0	0	0	0
B0005	车篷	需求量	0	4 800	4 800	4 800	0	0	0	0	0
		期初库存	5 400	600	600	600	600	600	600	600	600
		安全库存	600	600	600	600	600	600	600	600	600
		可用库存	4 800	0	0	0	0	0	0	0	0
		预计净需求量	0	4 800	4 800	0	0	0	0	0	0
		实际净需求量	0	4 800	4 800	0	0	0	0	0	0
B0006	车轮	需求量	0	19 200	19 200	19 200	0	0	0	0	0
		期初库存	21 600	2 400	2 400	2 400	2 400	2 400	2 400	2 400	2 400
		安全库存	2 400	2 400	2 400	2 400	2 400	2 400	2 400	2 400	2 400
		可用库存	19 200	0	0	0	0	0	0	0	0
		预计净需求量	0	19 200	19 200	0	0	0	0	0	0
		实际净需求量	0	19 200	19 200	0	0	0	0	0	0
B0007	经济型童车包装套件	需求量	0	0	0	0	0	0	0	0	0
		期初库存	0	0	0	0	0	0	0	0	0
		安全库存	0	0	0	0	0	0	0	0	0
		可用库存	0	0	0	0	0	0	0	0	0
		预计净需求量	0	0	0	0	0	0	0	0	0
		实际净需求量	0	0	0	0	0	0	0	0	0
B0008	数控芯片	需求量	0	0	0	0	0	0	0	0	0
		期初库存	0	0	0	0	0	0	0	0	0
		安全库存	0	0	0	0	0	0	0	0	0
		可用库存	0	0	0	0	0	0	0	0	0
		预计净需求量	0	0	0	0	0	0	0	0	0
		实际净需求量	0	0	0	0	0	0	0	0	0

续 表

物料编号	物料名称	采购批量	12月	1月		2月		3月		4月	
		100	25	5	25	5	25	5	25	5	25
B0009	舒适型童车包装套件	需求量	0	0	0	0	0	0	0	0	0
		期初库存	0	0	0	0	0	0	0	0	0
		安全库存	0	0	0	0	0	0	0	0	0
		可用库存	0	0	0	0	0	0	0	0	0
		预计净需求量	0	0	0	0	0	0	0	0	0
		实际净需求量	0	0	0	0	0	0	0	0	0
B0010	豪华型童车包装套件	需求量	0	0	0	0	0	0	0	0	0
		期初库存	0	0	0	0	0	0	0	0	0
		安全库存	0	0	0	0	0	0	0	0	0
		可用库存	0	0	0	0	0	0	0	0	0
		预计净需求量	0	0	0	0	0	0	0	0	0
		实际净需求量	0	0	0	0	0	0	0	0	0

半成品物料净需求计划计算表

物料编号	物料名称	采购批量	12月	1月		2月		3月		4月	
		100	25	5	25	5	25	5	25	5	25
B0001	钢管	需求量	0	9 600	9 600	0	0	0	0	0	0
		期初库存	10 800	1 200	1 200	1 200	1 200	1 200	1 200	1 200	1 200
		安全库存	1 200	1 200	1 200	1 200	1 200	1 200	1 200	1 200	1 200
		可用库存	9 600	0	0	0	0	0	0	0	0
		预计净需求量	9 600	9 600	0	0	0	0	0	0	0
		实际净需求量	0	9 600	0	0	0	0	0	0	0
B0002	镀锌管	需求量	0	0	0	0	0	0	0	0	0
		期初库存	0	0	0	0	0	0	0	0	0
		安全库存	0	0	0	0	0	0	0	0	0
		可用库存	0	0	0	0	0	0	0	0	0
		预计净需求量	0	0	0	0	0	0	0	0	0
		实际净需求量	0	0	0	0	0	0	0	0	0
B0003	坐垫	需求量	0	4 800	4 800	0	0	0	0	0	0
		期初库存	5 400	600	600	600	600	600	600	600	600
		安全库存	600	600	600	600	600	600	600	600	600
		可用库存	4 800	0	0	0	0	0	0	0	0
		预计净需求量	4 800	4 800	0	0	0	0	0	0	0
		实际净需求量	0	4 800	0	0	0	0	0	0	0

续　表

物料编号	物料名称	采购批量	12月	1月		2月		3月		4月	
		100	25	5	25	5	25	5	25	5	25
B0004	记忆太空棉坐垫	需求量	0	0	0	0	0	0	0	0	0
		期初库存	0	0	0	0	0	0	0	0	0
		安全库存	0	0	0	0	0	0	0	0	0
		可用库存	0	0	0	0	0	0	0	0	0
		预计净需求量	0	0	0	0	0	0	0	0	0
		实际净需求量	0	0	0	0	0	0	0	0	0
P.S.期初库存是在计算了本月完工入库和销售出库的数量之后得到的本期期初库存											

3. 物料净需求计划汇总表

产成品物料净需求计划汇总表

物料编号	物料名称		1月		2月		3月		4月	
			5	25	5	25	5	25	5	25
M0001	经济型童车车架	生产计划	0	4 800	4 800	0	0	0	0	0
M0002	舒适型童车车架	生产计划	0	0	0	0	0	0	0	0
M0003	豪华型童车车架	生产计划	0	0	0	0	0	0	0	0
B0005	车篷	采购计划	0	4 800	4 800	0	0	0	0	0
B0006	车轮	采购计划	0	19 200	19 200	0	0	0	0	0
B0007	经济型童车包装套件	采购计划	0	0	0	0	0	0	0	0
B0008	数控芯片	采购计划	0	0	0	0	0	0	0	0
B0009	舒适型童车包装套件	采购计划	0	0	0	0	0	0	0	0
B0010	豪华型童车包装套件	采购计划	0	0	0	0	0	0	0	0

半成品物料净需求计划汇总表

物料编号	物料名称		1月		2月		3月		4月	
			5	25	5	25	5	25	5	25
B0001	钢管	采购计划	0	9 600	0	0	0	0	0	0
B0002	镀锌管	采购计划	0	0	0	0	0	0	0	0
B0003	坐垫	采购计划	0	4 800	0	0	0	0	0	0
B0004	记忆太空棉坐垫	采购计划	0	0	0	0	0	0	0	0

四、派工领料生产车架

制造业企业根据主生产计划表，由生产计划部进行派工生产 4 800 个经济型童车车架。生产之前务必保证人员数量和人员级别到位，保证设备到位，不同的设备需要有不同级别的工人进行操作，不同的设备也具有不同的产能。在仿真实训中，实训系统中只提供普通机床，只要求生产经济型童车，在实训的自主经营阶段，学生可以研发生产舒适型童车或豪华型童车，而豪华型童车是需要通过数控机床来生产，同样的，数控机床也需要高级工人进行操作。

（一）派工领料生产车架流程

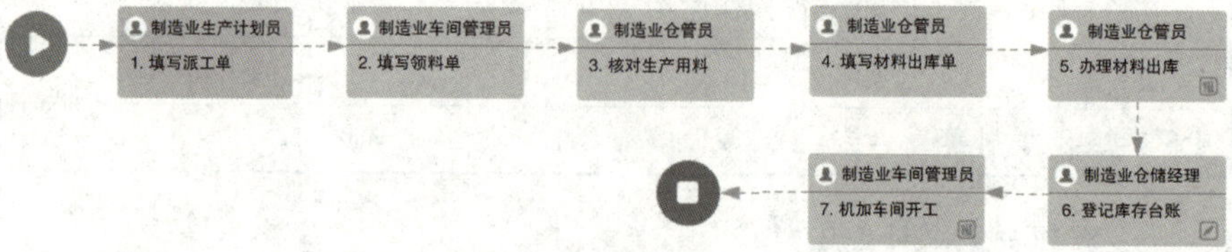

（二）派工领料生产车架任务实施说明

编号	名　称	执行角色	作业流程说明
1	填写派工单	制造业生产计划员	1. 根据主生产计划表编制车架派工单，车架派工单一式两份； 2. 下达车架派工单给车间管理员； 3. 另一份车架派工单自己留存
2	填写领料单	制造业车间管理员	1. 根据派工单和 BOM 填写一式两联领料单； 2. 送仓库管理员办理领料
3	核对生产领料	制造业仓管员	1. 仓管员接到领料单； 2. 核对领料单上物料的库存情况； 3. 确认可以满足后在领料单上签字
4	填写材料出库单	制造业仓管员	根据领料单填写材料出库单
5	办理材料出库	制造业仓管员	1. VBSE 系统中办理材料出库，车间管理员在材料出库单上签字确认； 2. 材料出库单生产计划部联交车间管理员随材料一起拿走
6	登记库存台账	制造业仓储经理	1. 接收仓管员送来的材料出库单； 2. 根据材料出库单登记库存台账； 3. 登记完交仓管员留存
7	机加车间开工	制造业车间管理员	在 VBSE 系统中办理派工，车间依据物料、人员、设备的齐全状况开始生产

（三）派工领料生产车架流程涉及单据填写样例与系统操作

1. 派工单

派　工　单

派工部门：生产计划部

派工单号：SGPG0001　　　　派工日期：2020 年 1 月 05 日

产品	工序	工序名称	工作中心	生产数量	计划进度	
					开始日期	完工日期
经济车架	10	车架加工	普通机床	4800	20200105	20200125

第一联：生产计划部留存

生产计划部经理：叶润中　　　　车间管理员：周群

2. 领料单

领　料　单

领料部门：生产计划部　领料单号：SCLL20200001　派工单号：SCPG20200001　　编制日期：2020 年 1 月 5 月

序号	材料编码	材料名称	单　位	材料规格	加工产品	领用数量	领用时间	备　注
1	B0001	钢管	根	①外16/①内11/L5000(mm)	经济车架	9600	20200105	
2	B0003	坐垫	个	HJM500	经济车架	4800	20200105	

第一联：生产计划部留存

仓储部：　　　部门经理：　　　车间管理员：周群

3. 出库单

材料出库单

新道 教学专用 seentao

单据编号：SCLL202001001　　　　出库类型：生产领料

出库日期：2020-01-05　　　　派工单号：PG0001

序号	物料名称	物料编码	出库数量	单价	金额	备注
1	钢管	B0001	9600			
2	坐垫	B0003	4800			
3						
4						
5						
合计						

第一联：仓储部存根

仓管员：王宝珠　　　　仓储部经理：何明海　　　　车间管理员：周群

4. VBSE 系统中办理材料出库

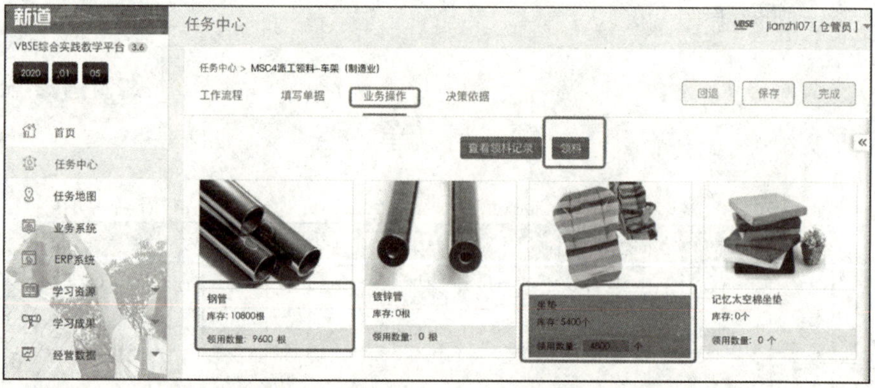

5. VBSE 系统中办理派工

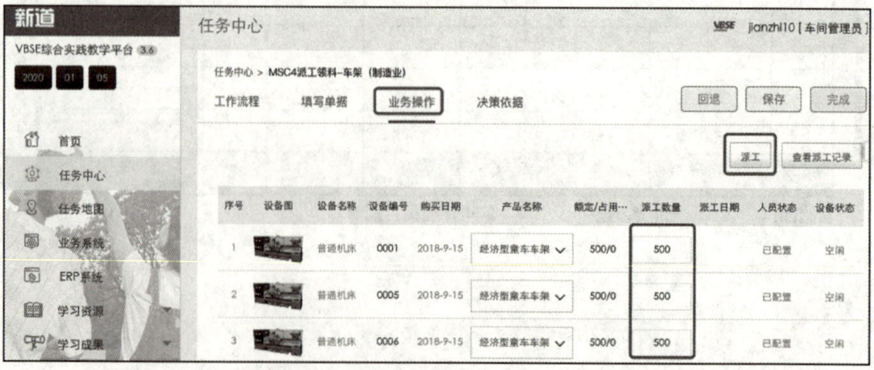

五、派工领料生产童车

制造业企业根据主生产计划表，由生产计划部进行派工生产 4 800 个经济型童车。实训系统均只提供一种生产流水线。车架在机加车间进行生产，整车在组装车间进行生产。

（一）派工领料生产童车流程

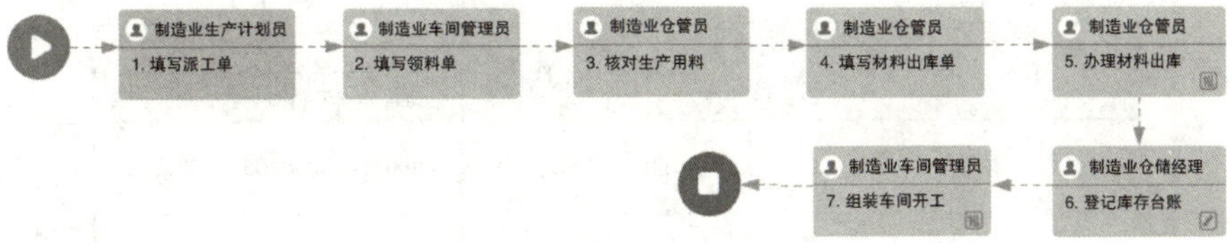

（二）派工领料生产童车任务实施说明

编号	名　称	执行角色	作业流程说明
1	填写派工单	制造业生产计划员	1. 根据主生产计划表编制整车派工单； 2. 整车派工单一式两份，将其中一份整车派工单给车间管理员； 3. 另一份整车派工单自己留存
2	填写领料单	制造业车间管理员	1. 根据派工单和 BOM 填写一式两联领料单； 2. 送仓库管理员办理领料
3	核对生产领料	制造业仓管员	1. 仓管员接到领料单； 2. 核对领料单上物料的库存情况； 3. 确认可以满足后在领料单上签字
4	填写材料出库单	制造业仓管员	根据领料单填写材料出库单
5	办理材料出库	制造业仓管员	1. VBSE 系统中办理材料出库，车间管理员在材料出库单上签字确认； 2. 材料出库单生产计划部联交车间管理员随材料一起拿走
6	登记库存台账	制造业仓储经理	1. 接收仓管员送来的材料出库单； 2. 根据材料出库单登记库存台账； 3. 登记完交仓管员留存
7	组装车间开工	制造业车间管理员	在 VBSE 系统中办理派工，车间依据物料、人员、设备的齐全状况开始生产

（三）派工领料生产童车流程涉及单据填写样例与系统操作

1. 派工单

新道 seentao 教学专用

派　工　单

派工部门：生产计划部

派工单号：SGPG0002　　　　派工日期：2020 年 1 月 5 日

产品	工序	工序名称	工作中心	生产数量	计划进度	
					开始日期	完工日期
经济童车	20	整车加工	流水线	4 800	20200105	20200105

第一联：生产计划部留存

生产计划部经理：叶润中　　　　车间管理员：周群

2. 领料单

新道 seentao 教学专用

领　料　单

领料部门：生产计划部　领料单号：SCLL20200002　派工单号：SCPG20200002　　编制日期：2020 年 1 月 5 日

序号	材料编码	材料名称	单　位	材料规格	加工产品	领用数量	领用时间	备 注
1	B0005	车篷	个	HJ72*32*40	经济童车	4 800	20200105	
2	B0006	车轮	个	HJΦ外125/Φ内60 mm	经济童车	19 200	20200105	
3	B0007	经济型童车包装套件	个	HJTB100	经济童车	4 800	20200105	
4	M0006	车轮	个	无	经济童车	4 800	20200105	

第一联：生产计划部留存

仓储部：　　　　部门经理：　　　　车间管理员：周群

3. 出库单

材料出库单

单据编号：SCLL202001002　　　　出库类型：生产领料

出库日期：2020-01-05　　　　派工单号：PG0002

序号	物料名称	物料编码	出库数量	单价	金额	备注
1	车篷	B0005	4 800			
2	车轮	B0006	19 200			
3	包装套件	B0007	4 800			
4	童车车驾	M0001	4 800			
5						
合计						

第一联：仓储部存根

仓管员：王宝珠　　　仓储部经理：何明海　　　车间管理员：周群

4. VBSE 系统中办理材料出库与派工

派工领料生产童车的系统操作同派工领料生产车架。

六、车架完工入库

制造企业生产计划部机加车间领料生产的 4 800 辆经济型车架经过 1 个虚拟工作日的生产，成功完成入库。制造业企业在生产过程中对于完工的产品需要及时办理入库，否则机床或流水线无法空闲出来进行下一步的生产。

（一）车架完工入库流程

（二）车架完工入库任务实施说明

编号	名　称	执行角色	作业流程说明
1	生成完工单	制造业车间管理员	1. 机加工车间车架生产完工，车间管理员根据派工单填写完工单； 2. 将派工单及填写的完工单交给生产计划部经理审核

续 表

编号	名 称	执行角色	作业流程说明
2	审核完工单并签字	制造业生产计划经理	1. 接收车间管理员送来的派工单和完工单； 2. 依据派工单对照审核完工单所填写的产品是否已经完工； 3. 审核无误签字； 4. 将完工单第一联留存车间管理员，并由车间管理员将车架完工单第二联和车架交给仓管员
3	填写生产入库单	制造业仓管员	1. 仓管员核对车架完工单和实物是否相符； 2. 根据车架完工单填写一式三联的生产入库单； 3. 车间管理员在生产入库单上签字确认
4	办理入库	制造业仓管员	1. 仓管员收到车间管理员确认的生产入库单，登记办理入库手续； 2. 仓管员把审核完的生产入库单的财务联给财务部，生产部联给生产部，仓库联自留； 3. 系统中办理车架完工入库
5	登记库存台账	制造业仓管员	仓管员根据生产入库单登记库存台账

（三）车架完工入库流程涉及单据填写样例与系统操作

1. 完工单

新道 seentao 教学专用

完 工 单

网址：www.seentao.com 电话：4006600599 编码：DJ0054

生产部门： 生产计划部

完工单号： WG0001 编制日期： 2020 年 1 月 25 日

产品名称	完工日期	计划产量	实际完工量	剩余在制品	待检验	不良产品数
经济车架	20200125	4800	4800	0	0	0

第一联：生产计划部留存

部门经理： 车间管理员： 周群

2. 生产入库单

生产入库单

新道 教学专用 seentao

制单日期：2020-01-25　　　　仓　　库：成品仓

单据编号：0001　　　　完工单编号：WG0001

序号	品名	规格型号	单位	入库时间	数量	备注
1	经济车驾		辆	2020-01-25	4 800	
2						
3						
4						
5						
合计						

第一联：仓储部存根

仓储部经理：　　　　仓管员：王宝珠　　　　车间管理员：

网址：www.seentao.com 电话：4006600599 编码：DJ0023

3. VBSE 系统中办理入库

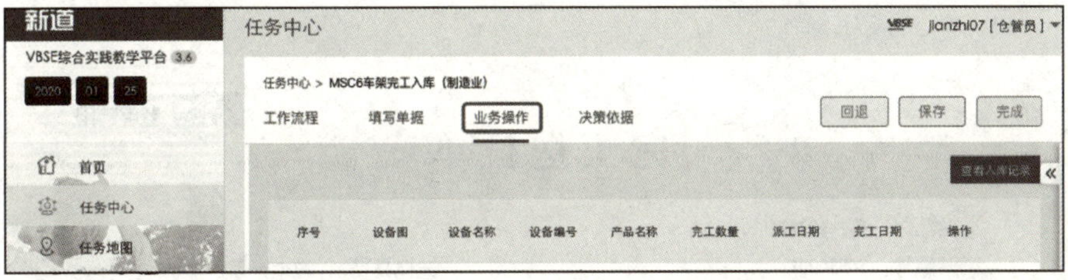

七、童车完工入库

（一）童车完工入库流程

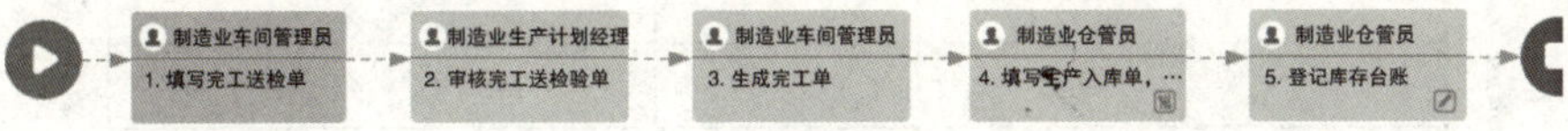

（二）童车完工入库任务实施说明

编号	名　称	执行角色	作业流程说明
1	填写完工送检单	制造业车间管理员	1. 根据整车生产计划完成生产任务； 2. 车间管理员填写完工送检单（一式三联）； 3. 车间管理员送生产计划部经理处进行审验
2	审核完工送检验单	制造业生产计划经理	1. 生产计划部经理接到车间管理员送来的完工送检单； 2. 生产计划部经理对整车进行检验； 3. 将检验结果填入完工送检单

续　表

编号	名　称	执行角色	作业流程说明
3	生成完工单	制造业车间管理员	1. 根据生产计划部经理批复的完工送检单生成与之数量相同的整车生产完工单； 2. 根据完工单和完工送检单填写生产执行情况表； 3. 将生产完工单第一联自行留存，第二联交仓管员
4	填写生产入库单，办理入库	制造业仓管员	1. 仓管员核对完工单和完工送检单及实物； 2. 根据完工单填写一式三联的生产入库单； 3. 车间管理员在生产入库单上签字确认； 4. 仓管员系统中办理组装完工入库； 5. 仓管员把审核完的生产入库单的财务联给财务部，生产部联给生产部，仓库联自留
5	登记库存台账	制造业仓管员	仓管员根据生产入库单登记库存台账

（三）童车完工入库流程涉及单据填写样例与系统操作

1. 完工送检单

新道 seentao 教学专用

完工送检单

[illegible] 网址：www.seentao.com 电话：4006600599 编码：DJ0858

送检部门：生产计划部

单据编号：SCSJ0001　　　　送检日期：2020 年 1 月 25 日

派工单号	成品名称	完工数量	检验结果	
			合格品	不合格品
SCSJ0001	经济童车	4800	4800	

第一联：车间管理员留存

质检员（计划员）：孙盛国　　　　车间管理员：周群

2. 完工单、生产入库单

童车完工入库任务中的完工单、生产入库单请参考车架完工入库任务中的相应填写样例。

3. VBSE 系统中办理入库

童车完工入库的系统操作同车架完工入库。

温馨提示

（1）派工领料生产童车、派工领料生产车架、童车完工入库、车架完工入库，四个子任务中都涉及填写库存台账，其填写样例可参考制造业到货并办理入库任务环节的库存台账。

(2) 业务中，同一种单据可能需要填写多次，注意单据要按顺序进行编号。

任务三　经销商销售与收款业务仿真实训

任务背景

实训中，制造企业与经销商均可以采用直销业务模式进行产品销售。经销商的直销市场为东部、西部、南部与北部，制造业的直销市场为中部。

制造业与经销商的直销业务流程一致，故本任务将以经销商销售经济型童车给虚拟客户为例进行作业实施。本实训以恒润商贸有限公司主体，实际填写应为本次开课各组织名称。

直销业务不同于分销业务，它需要在直销之前进行市场开拓与广告投放。实训中，市场开拓有效期为一年，广告投放有效期为一个虚拟日。

2020 年 1 月 5 日，恒润商贸为了销售经济型童车，营销部根据市场预测提交市场开拓申请，到服务公司开拓北部市场，支付市场开拓费 339 000 元，并投放了 159 000 元广告费，因此获得虚拟市场订单：

订单编号	客　户	商　品	数量（辆）	单价（含税）（元）	金额（元）	交货日期	结算日期
SO－0003	北京爱喜商贸有限公司	经济型童车	12 000	1 202.37	14 428 440.00	1 月 5 日	1 月 25 日

注：虚拟市场订单数量根据经销商开课组数确定，经济型童车数量依据制造业开课组数确定，本数据依据 4 家经销商、10 家制造业列示，请根据实际经销商、制造业开课组数进行计算。

计算公式：虚拟订单童车采购数量＝每家制造企业供应量(4 800)÷经销商开课组数×制造企业开课组数。

工贸企业销售与收款业务仿真实训

制造企业销售与收款业务仿真实训

任务目标

1. 了解市场开拓、广告投放的意义。
2. 了解市场开拓、广告投放的内容。
3. 掌握经销商销售与收款业务的填写方式。

知识解析

经销商销售与收款业务仿真实训主要需要五个环节：申请和办理市场开拓，申请和办理广告投放，查看虚拟销售订单并选单，给虚拟经销商发货，给虚拟经销商办理出库并开发票。

一、申请和办理市场开拓

（一）申请和办理市场开拓流程

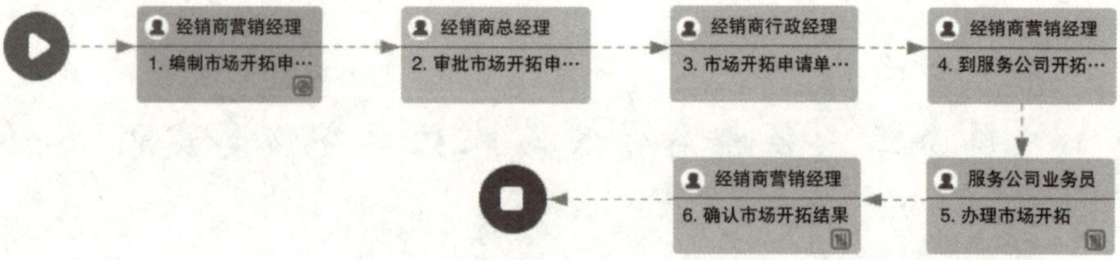

（二）申请和办理市场开拓任务实施说明

编号	名　称	执行角色	作业流程说明
1	编制市场开拓申请单	经销商营销经理	1. 根据公司战略和市场预测确定目标市场及投放广告金额； 2. 编制市场开拓申请单，并提交总经理审批
2	审批市场开拓申请单	经销商总经理	1. 接到营销经理的市场开拓申请单； 2. 根据公司经营策略及资金使用计划审核其合理性
3	市场开拓申请单盖章	经销商行政经理	1. 营销经理在公章印鉴使用登记表登记签字； 2. 确认签字后，在审批通过的市场开拓申请单盖企业公章
4	到服务公司开拓市场	经销商营销经理	1. 营销经理到服务公司办理市场开拓，经销商业务员要提交市场开拓申请单； 2. 接收市场开拓申请单，确认市场开拓的地点
5	办理市场开拓	服务公司业务员	1. 查看经销商业务员要办理的市场开拓的地区； 2. 依据开拓申请，为对应的经销商开拓市场； 3. 告知经销商办理人员业务，办理完成，到总经理处领取发票
6	确认市场开拓结果	经销商营销经理	到服务公司确认市场开拓结果

市场开拓战略

市场开拓策略是指商品生产者以什么样的手段和方法打开市场，提高本企业产品的市场占有率。市场开拓策略主要包括七大内容：

（1）企业如何选定目标市场；

（2）企业如何选定为目标市场服务的方向；

（3）企业产品何时、何地、何种方式投放市场；

（4）企业产品在市场上保持何种优势；

（5）企业采取何种促销手段；

（6）企业产品的质量控制在什么程度；

（7）企业开展多少售后服务等。

也就是说，在市场营销工作中，除了市场调查、预测，以及企业内部生产管理活动外，都可看作市场开拓的内容。

（三）申请和办理市场开拓流程涉及单据填写样例与系统操作

1. 市场开拓申请单

市场开拓申请　　新道 教学专用 seentao

编号：	2020010001	日期：	2020-01-05
申请单位：	恒润商贸有限公司	委托单位：	融通综合服务有限公司
开拓区域：	☑北部　□南部　□西部　□东部　□中部		
开拓金额：	叁拾叁万玖仟元整		¥:339000.00
经办人：	杨绮萱	日期：	2020-01-05
财务经理意见：	武妍伊	日期：	2020-01-05
总经理意见：	关雅寒	日期：	2020-01-05
备注：		签章（公章）：	

2. 经销商收到市场开拓费发票

北京增值税专用发票　发票联

1100152211　　№ 62482341　1100152211　62482341

机器编号：499910040047　　开票日期：2020年1月5日

购买方	名　　称：恒润商贸有限公司 纳税人识别号：13110000001429123 地 址、电 话：北京市工体北路112号 010-64311039 开户行及账号：中国工商银行北京支行 4563512600681022350
密码区	035926>3>2<0230937-8>1*26906 374*91/- +588247>>/*6+>-89233 785926>3>2<0230937*57+89>097 4/ 737-++ 690195*6067/ /42+2-72

货物或应税劳务、服务名称	规格型号	单位	数量	单价	金额	税率	税额
*服务*市场开拓费					300000.00	13%	39000.00
合　　计					¥300,000.00		¥39,000.00
价税合计（大写）	⊗叁拾叁万玖仟元整				（小写）¥339,000.00		

销售方	名　　称：融通综合服务有限公司 纳税人识别号：100108231234858024 地 址、电 话：北京市东华北里12号 010-51064000 开户行及账号：中国工商银行北京支行 0100229999000099026
备注	融通综合服务有限公司 100108231234858024 发票专用章

收款人：管理员　　复核：　　开票人：　　销售方：（章）

税总函〔2015〕340号北京印制有限公司

第三联：发票联　购买方记账凭证

3. 服务公司业务员在 VBSE 系统中为经销商办理市场开拓

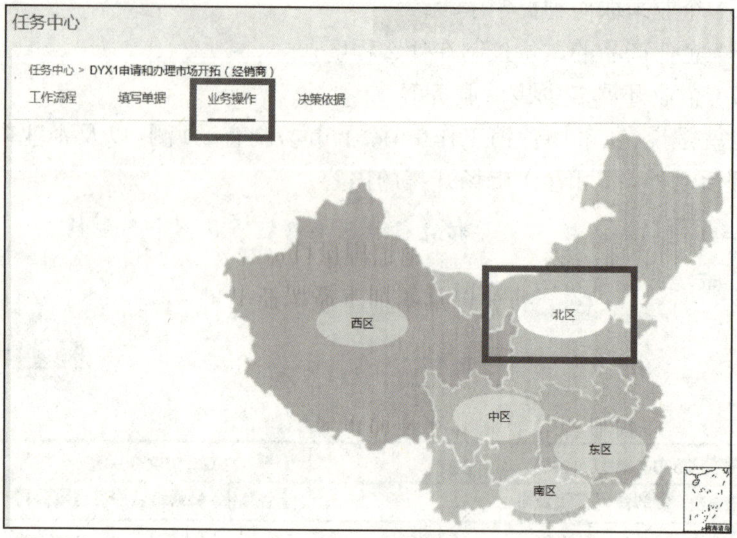

二、申请和办理广告投放

（一）申请和办理广告投放流程

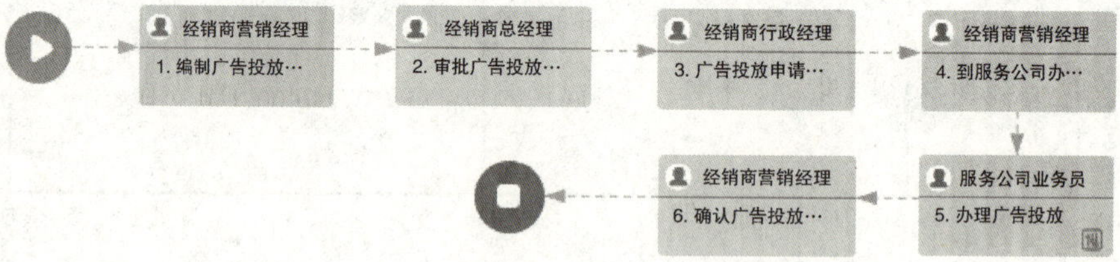

（二）申请和办理广告投放任务实施说明

广告投放策略

编　号	名　称	执行角色	作业流程说明
1	编制广告投放申请单	经销商营销经理	根据公司战略、市场预测和开拓的市场及投放金额，填写广告投放申请单
2	审批广告投放申请单	经销商总经理	1. 接到营销经理的广告投放申请单； 2. 根据公司的经营策略及资金使用计划审核其合理性； 3. 确认同意后，签字批准； 4. 审核通过确认进行广告投放
3	广告投放申请单盖章	经销商行政经理	1. 营销经理在公章印鉴使用登记表中登记签字； 2. 确认签字后，在审批通过的广告投放申请单中盖企业公章
4	到服务公司办理广告投放	经销商营销经理	营销经理到服务公司办理广告投放，提交广告投放申请单

续　表

编　号	名　称	执行角色	作业流程说明
5	办理广告投放	服务公司业务员	1. 查看经销商营销经理提交的广告投放申请单； 2. 依据广告投放申请，为对应的经销商办理广告投放
6	确认广告投放结果	经销商营销经理	在服务公司确认广告投放结果

（三）申请和办理广告投放流程涉及单据填写样例与系统操作

1. 广告投放申请单

广告投放申请			
编号：2020010001		日期：20200105	
申请单位：恒润商贸有限公司		委托单位：融通综合服务有限公司	
投放区域	北部		
投放金额	壹拾伍万玖仟元整		¥159 000.00
经办人	杨绮萱	日期	2020－01－05
财务经理意见	武妍伊	日期	2020－01－05
总经理意见	关雅寒	日期	2020－01－05
备注：		盖章（公章）	

2. 经销商收到广告投放费发票

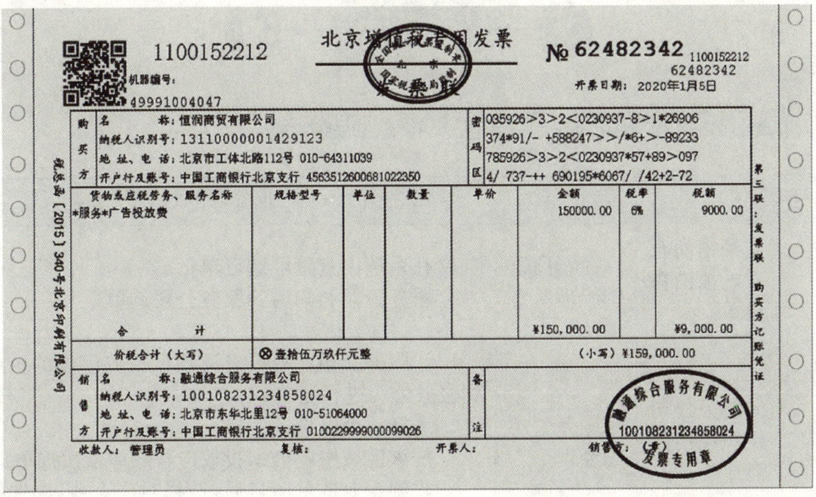
北京增值税专用发票

1100152212

№ 62482342　1100152212　62482342

机器编号：49991004047

开票日期：2020年1月5日

购买方	名　　称：恒润商贸有限公司 纳税人识别号：13110000001429123 地 址、电 话：北京市工体北路112号 010-64311039 开户行及账号：中国工商银行北京支行 4563512600681022350	密码区	035926>3>2<0230937-8>1*26906 374*91/- +588247>>/*6+>-89233 785926>3>2<0230937*57+89>097 4/ 737-++ 690195*6067/ /42+2-72

货物或应税劳务、服务名称	规格型号	单位	数量	单价	金额	税率	税额
*服务*广告投放费					150000.00	6%	9000.00
合　　计					¥150,000.00		¥9,000.00
价税合计（大写）	⊗壹拾伍万玖仟元整				（小写）¥159,000.00		

销售方	名　　称：融通综合服务有限公司 纳税人识别号：100108231234858024 地 址、电 话：北京市东华北里12号 010-51064000 开户行及账号：中国工商银行北京支行 0100229999000099026	备注	

收款人：管理员　　复核：　　开票人：　　销售方：（章）

税总函〔2015〕340号北京印钞有限公司

第三联：发票联　购买方记账凭证

3. 服务公司业务员在 VBSE 系统中为经销商办理广告投放

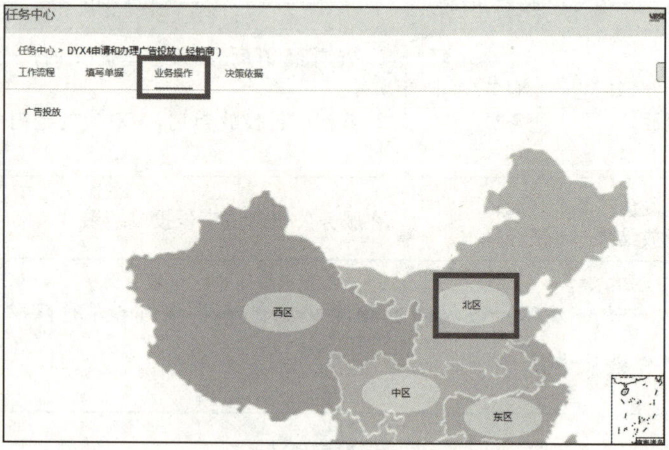

三、查看虚拟销售订单并选单

（一）查看虚拟销售订单并选单流程

1. 经销商查看虚拟销售订单

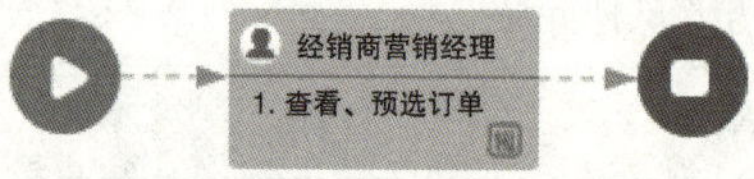

2. 服务公司组织经销商竞单

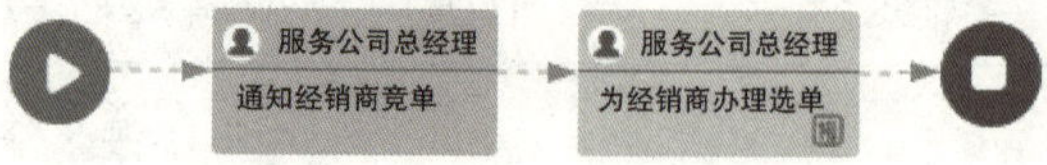

3. 经销商查看竞单结果

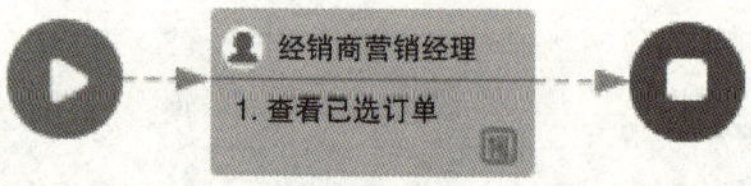

（二）查看虚拟销售订单并选单任务实施说明

编号	名称	执行角色	作业流程说明
1	经销商查看虚拟销售订单	经销商营销经理	1. 在系统中查看可选订单； 2. 服务公司通知后到服务公司选单
2	服务公司组织经销商竞单	服务公司总经理	1. 让服务公司业务员去通知已投放广告的企业到服务公司进行竞单； 2. 选择一个区域； 3. 按该区域中各公司投放广告顺序依次选单； 4. 收到企业选单命名后，选择对应企业，再选择对应的订单，进行确认

续　表

编号	名称	执行角色	作业流程说明
3	经销商查看竞单结果	经销商营销经理	1. 查看已选中订单； 2. 确认订单信息是否正确； 3. 确认交货日期是否正确

（三）查看虚拟销售订单并选单系统操作

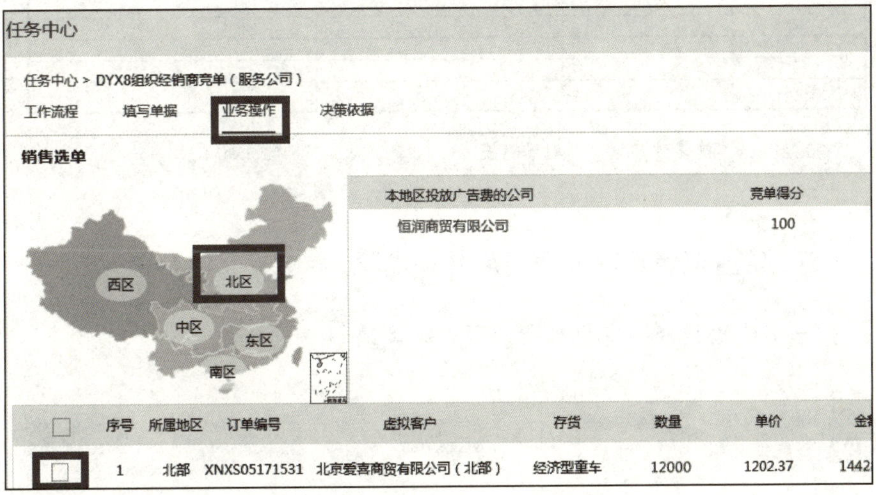

四、给虚拟经销商发货

（一）给虚拟经销商发货流程

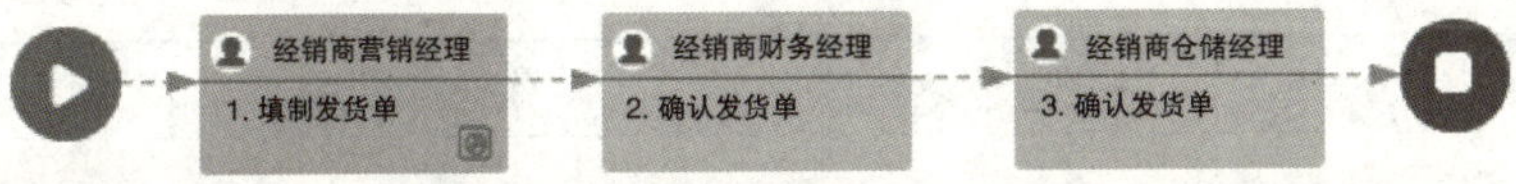

（二）给虚拟经销商发货任务实施说明

编号	名　称	执行角色	作业流程说明
1	填制发货单	经销商营销经理	1. 填制发货单（一式四联）； 2. 将发货单财务部留存联交给财务经理； 3. 将发货单仓储部留存联和客户联交给仓储经理
2	确认发货单	经销商财务经理	1. 收到营销经理传过来的销售发货单； 2. 检查本企业的应收账款额度是否过高，如过高则应通知营销经理限制发货； 3. 将发货单留存联交给出纳填制记账凭证
3	确认发货单	经销商仓储经理	1. 收到营销经理传过来的发货单； 2. 根据仓库现状确认发货单； 3. 进行发货准备工作

（三）给虚拟经销商发货流程涉及单据填写样例与系统操作

发货单

单据编号：XGFH201901001　　日　期：20200105　　交货日期：20200105
销售订单号：S0190001　　客户名称：北京爱喜商贸有限公司　　仓　库：普通仓库
业务员：杨绮萱　　运输方式：陆运　　联系人：

产品名称	产品型号	发货数量	备注
经济型童车		12000	
合计		12000	

第一联：营销部留存

营销部经理：杨绮萱　　财务部经理：　　客户确认：

五、给虚拟经销商办理出库并开发票

（一）给虚拟经销商办理出库并开发票流程

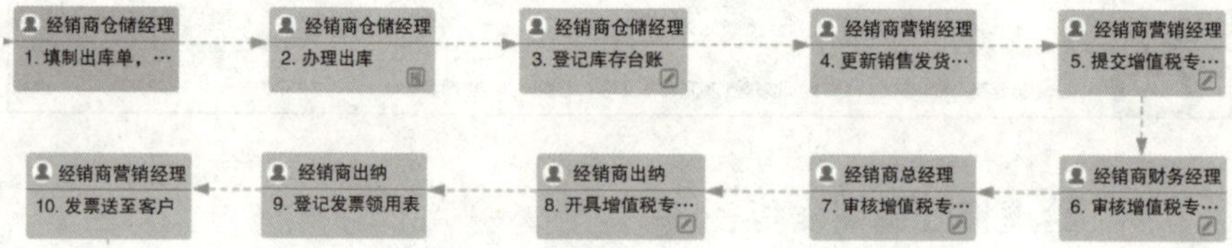

（二）给虚拟经销商办理出库并开发票任务实施说明

编号	名称	执行角色	作业流程说明
1	填制出库单，办理出库业务	经销商仓储经理	1. 根据营销经理传递的发货单填制销售出库单（一式三联）； 2. 办理出库业务，根据销售出库单的数量发货给客户
2	办理出库	经销商仓储经理	依据发货单在 VBSE 系统中办理出库业务
3	登记库存台账	经销商仓储经理	1. 根据销售出库单登记库存台账； 2. 将销售出库单传递给营销经理告知已出库
4	更新销售发货明细表	经销商营销经理	依据仓储经理开具的销售出库单更新销售发货明细表

续　表

编　号	名　称	执行角色	作业流程说明
5	开具增值税专用发票	经销商营销经理	1. 经销商营销经理根据销售发货明细表和销售订单的信息提交开具增值税专用发票申请； 2. 将开票申请单提交至财务经理审核
		经销商财务经理	1. 经销商财务经理审核营销经理提交的开具增值税专用发票申请； 2. 审核后提交总经理审核
		经销商总经理	1. 经销商总经理审核财务经理提交的开具增值税专用发票申请； 2. 审核通过后交营销经理送至出纳处开具增值税发票
		经销商出纳	出纳根据营销经理送来审核的开具增值税专用发票申请，开具增值税专用发票
		经销商出纳	1. 营销经理在发票领用表上登记并签字； 2. 出纳将增值税专用发票记账联保留，将发票联和抵扣联交营销经理送给客户
6	发票送至客户	经销商营销经理	营销经理将增值税专用发票送至客户

（三）给虚拟经销商办理出库并开发票流程涉及单据填写样例

1. 销售出库单

销售出库单

客户名称：北京爱喜商贸有限公司　　　　出库日期：2020.1.5
订单编号：SO－0003　　　　　　　　　　出库类型：销售出库
出库单编号：XSCKD001　　　　　　　　　仓位：C01

序号	产品名称	产品编码	计量单位	出库数量	备　注
1	经济型童车	P0001	辆	12 000	
合　计					

仓管员　　　　　　仓储部经理　　　　　　销售专员

2. 经销商为虚拟商贸公司开具发票

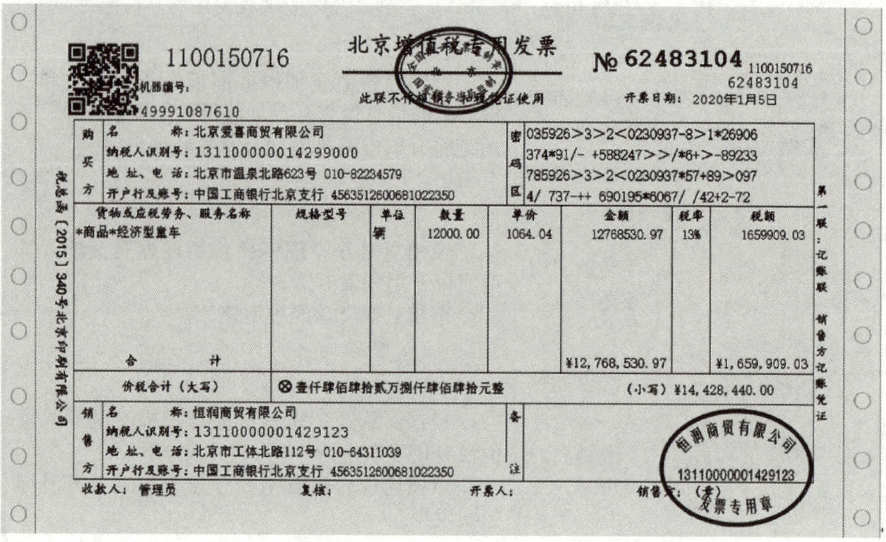

1100150716　　北京增值税专用发票　　№ 62483104　1100150716　62483104

机器编号：499991087610　　此联不作报销、扣税凭证使用　　开票日期：2020年1月5日

购买方	名　　称：北京爱喜商贸有限公司 纳税人识别号：131100000014299000 地 址、电 话：北京市温泉北路623号 010-82234579 开户行及账号：中国工商银行北京支行 4563512600681022350	密码区	035926>3>2<0230937-8>1*26906 374*91/- +588247>>/*6+>-89233 785926>3>2<0230937*57+89>097 4/ 737-++ 690195*6067/ /42+2-72

货物或应税劳务、服务名称	规格型号	单位	数量	单价	金额	税率	税额
*商品*经济型童车		辆	12000.00	1064.04	12768530.97	13%	1659909.03
合　　计					¥12,768,530.97		¥1,659,909.03
价税合计（大写）	⊗壹仟肆佰肆拾贰万捌仟肆佰肆拾元整				（小写）¥14,428,440.00		

销售方	名　　称：恒润商贸有限公司 纳税人识别号：131100000001429123 地 址、电 话：北京市工体北路112号 010-64311039 开户行及账号：中国工商银行北京支行 4563512600681022350	备注	恒润商贸有限公司 131100000001429123 发票专用章

收款人：管理员　　复核：　　开票人：　　销售方：（章）

税总函〔2015〕340号北京印刷有限公司

第一联：记账联　销售方记账凭证

项目四
组织内部日常业务

任务一 批量办理个人银行卡

任务背景

新成立的公司或有新入职的员工，企业都需要到银行为员工办理银行卡。跨专业综合实训课程中，实训学员接手的是一家运营了多年的企业，因为某些原因，所有的管理人员全部更换，所以个人银行卡开卡成为每一个组织都要完成的任务。业务背景如下：

2020年1月5日，制造业开卡申请。收集本企业员工信息，实际授课中，需收集本企业学生信息，虚拟工人不用登记领卡。

任务目标

1. 熟悉批量办理个人银行卡流程。
2. 熟悉批量办理个人银行卡单据填写。

知识解析

首次批量办理个人银行卡业务的，企业需要提供企业营业执照、开户许可证及其复印件，复印件上需要加盖公章，同时与银行签订批量开户协议，填写集体开卡申请书，提交办卡人身份证复印件。如果企业以前办理过批量发卡，再次办理则不用提交营业执照与开户许可证。

一、批量办理个人银行卡流程

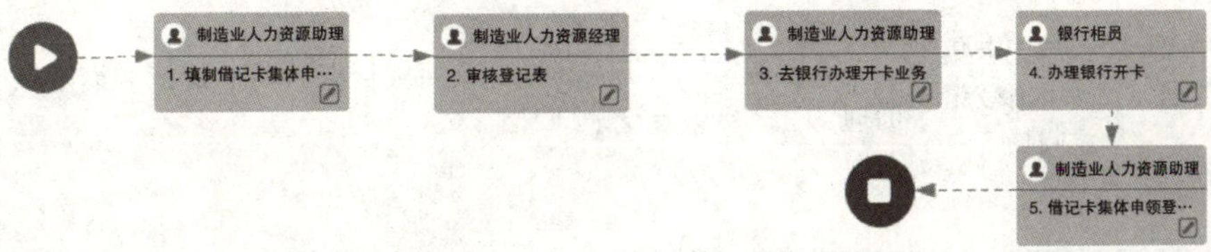

二、批量办理个人银行卡任务实施说明

编号	名　称	执行角色	作业流程说明
1	填制借记卡集体申领登记表	人力资源助理	1. 在 Excel 中或在 VBSE 系统的"填写单据"入口处填写"借记卡集体申领登记表"，项目包含：姓名、身份证号、卡号、备注，底部有编制、审核； 2. 收集员工姓名、身份证号信息，并录入"借记卡集体申领登记表"，卡号项空着不用填写； 3. 打印 Excel"借记卡集体申领登记表"，由员工核对并签字确认信息，"编制"处由人力资源助理签字
2	审核登记表	人力资源部经理	人力资源助理将员工签字确认过的纸质版"借记卡集体申领登记表"交人力资源部经理审核，无误后由人力资源部经理在"审核"处签字
3	去银行办理开卡业务	人力资源助理	1. 用 U 盘携带"借记卡集体登记表"（注：实际业务中必须带身份证原件），到银行柜台递交申请表，办理银行开卡业务； 2. 等待银行柜员开卡完毕后，取卡； 3. 将卡号登记录入"借记卡集体申领登记表"
4	办理银行开卡	银行柜员	银行柜员根据企业提交的办卡员工信息，核对无误后办理开卡业务，办理完毕将所办理的银行卡交给办卡申请人
5	借记卡集体申请登记表归档	人力资源助理	人力资源助理领回银行卡后，将"借记卡集体申请登记表"归档

三、批量办理个人银行卡流程涉及单据填写样例

（一）借记卡集体申领登记表

借记卡集体申领登记表

申请日期:2020 年 01 月 05 日

<table>
<tr><td colspan="2">单位名称</td><td colspan="2">好佳童车制造有限公司</td><td>单位地址</td><td colspan="3">北京市海淀区</td><td rowspan="2">银行备注栏</td></tr>
<tr><td colspan="2">负责人姓名</td><td colspan="2">梁天</td><td>联系电话</td><td colspan="3">010－62341111</td></tr>
<tr><td colspan="8">本单位愿意集体申领借记卡,保证提供的下述资料真实可靠。
单位盖章:</td><td>银行盖章处</td></tr>
<tr><td>序号</td><td>姓名</td><td>性别</td><td>证件名称</td><td>证件号码</td><td>联系地址（实训省略）</td><td>邮编（实训省略）</td><td>联系电话（实训省略）</td><td>（银行柜员填写银行卡号）</td></tr>
<tr><td>1</td><td>梁天</td><td>男</td><td>身份证</td><td>13060419790410577X</td><td>北京市海淀区</td><td>100086</td><td>010－62341111</td><td>4231588997835001</td></tr>
<tr><td>2</td><td>张万军</td><td>男</td><td>身份证</td><td>440607198510026215</td><td>北京市海淀区</td><td>100086</td><td>010－62341112</td><td>4231588997835002</td></tr>
<tr><td>3</td><td>李斌</td><td>男</td><td>身份证</td><td>530424198404194992</td><td>北京市海淀区</td><td>100086</td><td>010－62341113</td><td>4231588997835003</td></tr>
<tr><td>4</td><td>何明海</td><td>男</td><td>身份证</td><td>620423197503212034</td><td>北京市海淀区</td><td>100086</td><td>010－62341114</td><td>4231588997835004</td></tr>
<tr><td>5</td><td>钱坤</td><td>男</td><td>身份证</td><td>140421197709106336</td><td>北京市海淀区</td><td>100086</td><td>010－62341115</td><td>4231588997835005</td></tr>
<tr><td>6</td><td>叶润中</td><td>女</td><td>身份证</td><td>430702197609141560</td><td>北京市海淀区</td><td>100086</td><td>010－62341116</td><td>4231588997835006</td></tr>
<tr><td>7</td><td>杨笑笑</td><td>女</td><td>身份证</td><td>445122197605047509</td><td>北京市海淀区</td><td>100086</td><td>010－62341117</td><td>4231588997835007</td></tr>
<tr><td>8</td><td>叶瑛</td><td>女</td><td>身份证</td><td>43090219911204866X</td><td>北京市海淀区</td><td>100086</td><td>010－62341118</td><td>4231588997835008</td></tr>
</table>

银行卡

（二）银行卡（工资卡）领取登记表

银行卡（工资卡）领取登记表

姓　名	性　别	证件名称	银行卡号	签　字	日　期
梁天	男	身份证	13060419790410577X	梁天	2020-01-05
张万军	男	身份证	440607198510026215	张万军	2020-01-05
李斌	男	身份证	530424198404194992	李斌	2020-01-05
何明海	男	身份证	620423197503212034	何明海	2020-01-05
钱坤	男	身份证	140421197709106336	钱坤	2020-01-05
叶润中	女	身份证	430702197609141560	叶润中	2020-01-05
杨笑笑	女	身份证	445122197605047509	杨笑笑	2020-01-05
叶瑛	女	身份证	43090219911204866X	叶瑛	2020-01-05

温馨提示

实训中为方便业务办理，往往会对岗位进行合并，或者一人操作两个账号。以制造企业为例，管理人员 18 个岗位，实训时往往由 11 个人或 13 个人承担，在批量办理银行卡业务中应一岗一卡，所以制造企业人力资源助理去银行办理的银行卡数应为 18 张卡，发放的工资也应是 18 个人的而不是 11 或 13 个人的。同理，工贸企业需要办理 4 张银行卡，经销商企业需要办理 7 张银行卡。如果连接了打印设备，则可将填写的“借记卡集体申领登记表”打印出来并让员工签字确认。

任务二　部门借款

任务背景

企业员工借款是企业日常业务之一，需要一定的审批流程。财务支出款项后，需要编制记账凭证，登记账簿。业务背景如下：

2020 年 1 月 5 日，人力资源部人力资源助理肖红为了防止部门发生突发状况，需要临时用钱，向财务部借现金 500 元，作为部门备用金。

任务目标

1. 了解部门借款流程。
2. 熟悉部门借款涉及的单据的填写。

知识解析

一、部门借款流程

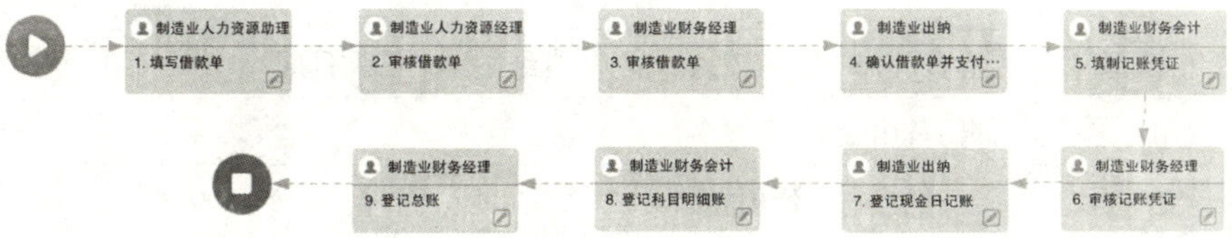

二、部门借款任务实施说明

编　号	名　称	执行角色	作业流程说明
1	填写借款单	人力资源助理	1. 在VBSE系统中填写借款单(实际工作中可能填写纸质借款单)； 2. 拿借款单找人力资源经理审核
2	审核借款单	人力资源经理	1. 在VBSE系统中对借款用途、金额、付款条款进行审核； 2. 审核无误，在审核意见处签字确认
3	审核借款单	财务经理	1. 在VBSE系统中对借款用途、金额、付款条款进行审核； 2. 审核无误，在审核意见处签字确认
4	确认借款单并支付现金	出纳	1. 接收人力资源助理交给的已审核过的借款单签字或盖章； 2. 支付现金给借款人并由借款人签字； 3. 将借款单交给财务会计作凭证
5	填制记账凭证	财务会计	1. 接收到出纳交给的借款单； 2. 填制记账凭证，将借款单粘贴在后面作为附件； 3. 送财务经理审核
6	审核记账凭证	财务经理	1. 接收财务会计交给的记账凭证，进行审核； 2. 审核无误后，在记账凭证上签字或盖章； 3. 交出纳登记现金日记账
7	登记现金日记账	出纳	1. 接收财务经理审核后的记账凭证； 2. 根据记账凭证登记现金日记账； 3. 记账后在记账凭证上签字或盖章； 4. 将记账凭证交财务会计登记科目明细账
8	登记科目明细账	财务会计	1. 接收出纳交给的记账凭证； 2. 根据记账凭证登记科目明细账； 3. 记账后在记账凭证上签字或盖章
9	登记总账	财务经理	1. 接收财务会计交给的记账凭证； 2. 在记账凭证上签字或盖章； 3. 根据记账凭证登记科目总账

个人借款的涉税事项

三、部门借款流程涉及单据填写样例

（一）借款单

借款单					
借款部门	人力资源部	借款人	肖红	借款日期	2020－01－05
用　途	部门备用金				
金　额	伍佰元整			￥:500.00	
部门审批	张万军	财务审批	钱坤	总经理审批	梁天

（二）记账凭证

记账凭证

2020－01－05　　　002

摘　要	总账科目	明细账科目	√	借方金额	贷方金额
人力资源部借款	其他应收款			500.00	
	库存现金				500.00
合　计				500.00	500.00

附件　张

会计主管　　记账　　出纳　　审核　　制证

任务三　办理 ISO 9000 认证

任务背景

ISO 9000 认证标准是国际标准化组织（ISO）在 1987 年提出的概念，延伸自旧有 BS 5750 质量标准，是指由 ISO/TC176（国际标准化组织质量管理和质量保证技术委员会）制定的国际标准。ISO 9000 不是指一个标准，而是一组标准的统称。

跨专业综合实训中，制造企业生产童车，在开工之前必须先办理 ISO 9000 认证才能进行童车生产。业务背景如下：

2020 年 1 月 5 日，制造企业要进行 ISO 9000 认证，认证费为 50 000.00 元，由生产计划部经理填写申请单，示例企业信息如下：

员工总数：58 人；　　厂房面积：1 000 平方米；

总投资：1 000 万元；　　环保投资：100 万元；

主要产品：经济型童车、舒适型童车、豪华型童车；

用途：商业销售；　　　　　　　　　　　　年产量：约 70 000 辆。

提交后经服务公司服务专员进行 ISO 9000 认证。

任务目标

1. 了解办理 ISO 9000 认证流程。
2. 熟悉办理 ISO 9000 认证涉及的单据的填写。

知识解析

公司通过取得 ISO 9000 认证能带来如下的益处：

(1) 强化品质管理，提高企业效益；增强客户信心，扩大市场份额。

(2) 获得了国际贸易绿卡——“通行证”，消除国际贸易壁垒。

(3) 节省第二方审核的精力和费用。

(4) 在产品品质竞争中获得优势地位。

(5) 有利于国际间的经济合作和技术交流。

(6) 强化企业内部管理，稳定运营操作，减少因员工辞职而造成技术或质量波动。

(7) 提升企业形象。

ISO 9000

一、办理 ISO 9000 认证流程

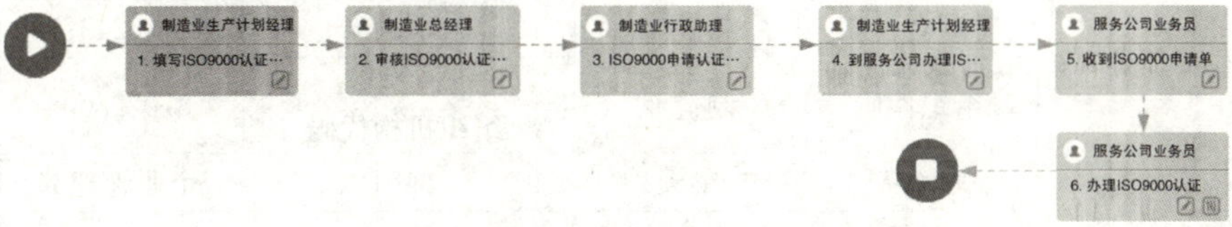

二、办理 ISO 9000 认证任务实施说明

编号	名　称	执行角色	作业流程说明
1	填写 ISO 9000 认证申请	生产计划经理	1. 根据公司的经营策略，填写办理 ISO 9000 认证申请； 2. 将认证申请表提交给总经理
2	审核 ISO 9000 认证申请	总经理	1. 接收生产计划经理提交的认证申请书； 2. 对照公司的经营策略，产品规格，审核办理 ISO 9000 认证的合理性； 3. 审核确认 ISO 9000 认证申请的支出凭单无误后签字确认； 4. 将认证申请书发送给行政助理
3	ISO 9000 申请认证盖章	行政助理	1. 收到总经理发送的认证申请表； 2. 查看总经理的审核批复及签字； 3. 将认证申请表发送给生产计划经理

续 表

编号	名 称	执行角色	作业流程说明
4	到服务公司办理 ISO 9000 认证	生产计划经理	1. 接收行政助理发送的认证申请表； 2. 到服务公司，通知服务公司办理生产许可证
5	收到 ISO 9000 申请单	服务公司业务员	1. 制造业生产计划经理来办理 ISO 9000 申请，制造业生产计划经理要提交 ISO 9000 申请单； 2. 接收 ISO 9000 申请单
6	办理 ISO 认证	服务公司业务员	为申请企业在 VBSE 系统中办理 ISO 9000 认证

服务公司业务员为申请企业在 VBSE 系统中办理 ISO 9000 认证之后，给制造企业开具发票，制造企业收到服务公司的 ISO 9000 认证发票并做相关账务处理，之后制造企业生产计划员依据收到的服务公司的 ISO 9000 认证发票进行付款，需要填写付款申请书，同时做相关账务处理。

三、办理 ISO 9000 认证流程涉及单据填写样例与系统操作

质量强国

（一）ISO 9000/ISO 14000 质量/环境管理体系认证申请表

ISO 9000/ISO 14000 质量/环境管理体系认证申请表

表格编号：2020010001

受审核方	组织名称	好佳童车制造有限公司		
	地址	北京市海淀区北清路 6 号		
	管理者代表	赵成宝	电话	010－62437783
	组织性质	制造业	行业类型/组织机构代码	870228008
	联系人	梁天	部门	企业管理部
	电话	01062345668	传真	
	邮编		E-mail	
	员工总数	58 （人）	厂区面积	1 000 （平方米）
	总投资	1 000 （万元）	环保投资	100 （万元）
受审核方基本信息	主要产品名称、用途、年产量			
	主要产品：经济型童车、舒适型童车、豪华型童车 用途：商业 年产量：70 000 辆			
申请认证范围：		2020/1/1—2020/12/31		
希望何时开始审核：		2020－01－05		
是否有多个认证地点：		☑是　　○否		
声明：本人郑重声明：对于以上所填内容全部认可，并保证所提供的认证申请资料是真实可靠的				
受审核方代表	赵成宝	2020 年 1 月 5 日		

（二）ISO 9000 认证发票

1123553309　　**北京增值税专用发票**　　№ 62310391

机器编号：499910088250　　　　1123553309　62310391

开票日期：2020年1月5日

购买方	名　　称：好佳童车制造有限公司 纳税人识别号：110100101032345037 地 址、电 话：北京市海淀区北清路6号 010-62437783 开户行及账号：中国工商银行北京支行 0100229999333823	密码区	035926＞3＞2＜0230937-8＞1*26906 374*91/- +588247＞＞/*6+＞-89233 785926＞3＞2＜0230937*57+89＞097 4/ 737-++ 690195*6067/ /42+2-72

货物或应税劳务、服务名称	规格型号	单位	数量	单价	金额	税率	税额
*服务*ISO9000认证费					47169.81	6%	2830.19
合　　计					¥47,169.81		¥2,830.19
价税合计（大写）	⊗伍万元整				（小写）¥50,000.00		

销售方	名　　称：融通综合服务有限公司 纳税人识别号：100108231234858024 地 址、电 话：北京市东华北里12号 010-51064000 开户行及账号：中国工商银行北京支行 0100229999000099026	备注	

收款人：管理员　　复核：　　开票人：　　销售方：（章）

（印章：融通综合服务有限公司 100108231234858024 发票专用章）

税总函〔2015〕340号北京印刷有限公司

第三联：发票联　购买方记账凭证

（三）付款申请单

付款申请单　　新道 seentao 教学专用

申请部门：	生产计划部	日期：	2020-01-05
发票编号：	62310391		
收款单位：	融通综合服务有限公司		
单位地址：	北京市东华北里 12 号	付款方式	☑转账
开户行：	中国工商银行北京支行		□支票
账号：	0100229999000099026	已收发票	
用途：	支付 ISO9000 认证费	☑是	□否
金额(大写)：	⊗伍万元整	¥ 50000.00	
经办人签字：	叶润中	日期：	2020-01-05
财务主管意见：	钱坤	日期：	2020-01-05
总经理意见：	梁天	日期：	2020-01-05
备注：			

[illegible]　网址：www.seentao.com　编号：DJ0215

（四）服务公司业务员为申请企业在 VBSE 系统中办理 ISO 9000 认证

ISO9000样图

公司名称　宝乐童车制造有限公司

证件类型：ISO 9000

认证费（元）：50000

办理日期：2020-01-05

办理

任务四　薪酬核算与发放

任务背景

薪酬的
多元化视角

每个月月末，会计人员都要进行员工薪酬的核算，将其应付的工资以及企业应该缴纳的五险一金，计入相应的费用和成本中。业务背景如下：

2020 年 1 月 25 日，核算 2020 年 1 月人员薪资；

薪资核算主要分为以下步骤：

(1) 根据基本工资核算个人需要缴纳的五险一金；

(2) 根据基本工资核算企业需要为个人缴纳的五险一金 ；

(3) 根据基本工资扣除五险一金之后的金额核算个人需要缴纳的个人所得税；

(4) 根据前 3 步的计算结果进行部门薪资汇总。

注意事项：

(1) 1 月份发放的工资，职工姓名为实际参训学员姓名；

(2) 个人所得税采用全年累计计算的方式，故每月的个人所得税需要独立计算。

人员信息背景及五险一金背景数据：

(1) 人员概况。

部　门	岗位名称	岗位级别	在编人数	直接上级
企业管理部	总经理（兼企管部经理）	总经理	1	董事会（指导老师）
	行政助理	职能管理人员	1	企管经理（总经理）
营销部	营销经理	部门经理	1	总经理
	市场专员	职能管理人员	1	营销经理
	销售专员	职能管理人员	1	营销经理
生产计划部	生产计划经理	部门经理	1	总经理
	车间管理员	职能管理人员	1	生产计划经理
	生产计划员	职能管理人员	1	生产计划经理
	初级生产工人	工人	25	车间管理员
	中级生产工人	工人	15	车间管理员
仓储部	仓储经理	部门经理	1	总经理
	仓管员	职能管理人员	1	仓储经理

续 表

部门	岗位名称	岗位级别	在编人数	直接上级
采购部	采购经理	部门经理	1	总经理
	采购员	职能管理人员	1	采购经理
人力资源部	人力资源经理	部门经理	1	总经理
	人力资源助理	职能管理人员	1	人力资源经理
财务部	财务经理	部门经理	1	总经理
	出纳	职能管理人员	1	财务经理
	财务会计	职能管理人员	1	财务经理
	成本会计	职能管理人员	1	财务经理

(2) 工资规则。

人员类别		月基本工资
总经理		12 000 元/月
部门经理		7 500 元/月
职能管理人员		5 500 元/月
营销部员工		4 500 元/月
生产工人	初级	3 600 元/月
	中级	4 000 元/月
	高级	4 600 元/月

(3) 2020 年社保及住房公积金缴纳比例。

分类	养老	失业	工伤	生育	医疗		住房公积金
					基本医疗	大额互助	
单位	20%	1.0%	0.3%	0.8%	9%	1%	10%
个人	8%	0.2%	0	0	2%	3 元	10%

理解多样化的价值回报，避免一切向“钱”看

社会主义基本分配制度

任务目标

1. 了解薪酬核算与发放流程。
2. 熟悉薪酬核算与发放涉及单据填写。

知识解析

一、薪酬核算与发放流程

（一）薪酬核算流程

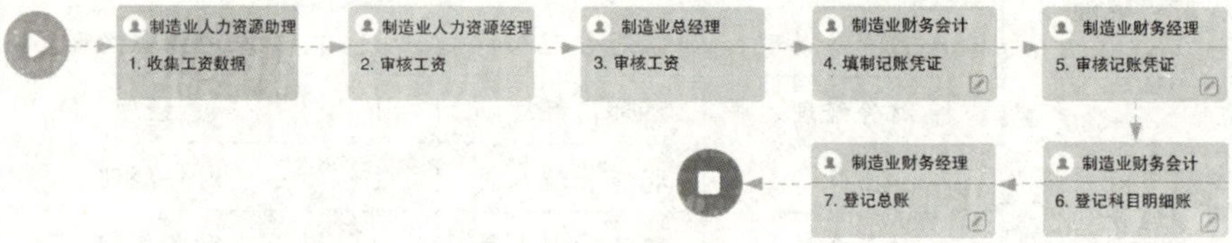

（二）薪酬发放流程

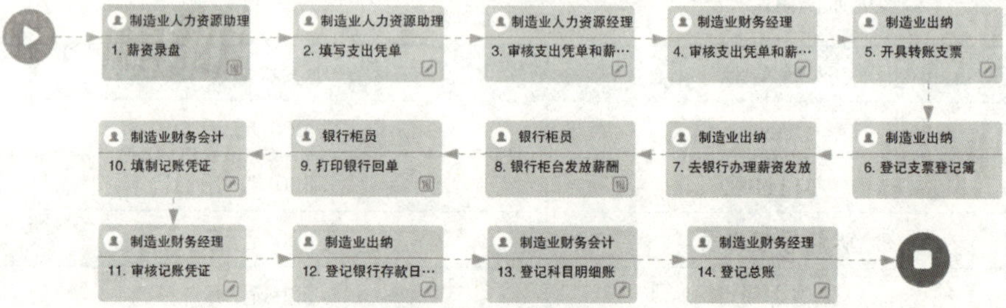

二、薪酬核算与发放任务实施说明

（一）薪酬核算任务实施说明

编 号	名 称	执行角色	作业流程说明
1	收集工资数据	人力资源助理	1. 依据期初数据查找当月入职、离职人员记录，收集整理新增、减少数据； 2. 依据期初数据查找当月晋升、调动及工资调整记录，收集整理变更数据； 3. 依据期初数据查找当月考勤信息，整理汇总当月考勤数据； 4. 依据期初数据查找当期绩效考核评价评分资料，整理汇总绩效考核结果； 5. 依据期初数据查找当月奖励、处罚记录，并做汇总整理； 6. 依据期初数据查找当月五险一金增减、缴费数据，计算五险一金
2	审核工资	人力资源经理	1. 审核薪酬核算金额，重点对人员变动的正确性进行核查； 2. 审核完成所有表单后，在表单对应位置签字； 3. 将签字完成的表单返还人力资源助理

续　表

编　号	名　称	执行角色	作业流程说明
3	审核工资	总经理	1. 收到人力资源助理交给的薪酬发放表； 2. 审核薪酬核算金额，重点对人员变动的正确性进行核查； 3. 审核完成后在表单对应位置签字； 4. 将签字完成的表单返还人力资源助理
4	填制记账凭证	财务会计	1. 收到人力资源部交来的薪酬表单； 2. 编制本月薪酬发放的记账凭证
5	审核记账凭证	财务经理	1. 收到财务会计交来的薪酬表单和记账凭证； 2. 审核记账凭证的正确性； 3. 审核无误，在记账凭证上签字或盖章； 4. 交还给财务会计工资表和记账凭证
6	登记科目明细账	财务会计	1. 根据记账凭证和薪酬表单，填写明细账； 2. 记账后在记账凭证上签字或盖章
7	登记总账	财务经理	1. 根据记账凭证登记总账； 2. 记账后在记账凭证上签字或盖章

（二）薪酬发放任务实施说明

编　号	名　称	执行角色	作业流程说明
1	薪资录盘	人力资源助理	1. 在 VBSE 系统里打开“薪资录盘”界面，检查员工的相关信息、工资等； 2. 依据“薪资计算表”在系统中修改并保存职工基本工资； 3. 在系统中修改完毕后，点击导出按钮，将导出的“工资表”拷贝至 U 盘
2	填写支出凭单	人力资源助理	1. 依据“职工薪酬发放表”数据填写支出凭单； 2. 将拷贝了“工资表”的 U 盘交人力资源经理和财务经理进行审核
3	审核支出凭单和薪酬发放表	人力资源经理	1. 审核支出凭单信息和薪酬发放表是否一致，是否正确； 2. 审核支出凭单的日期、金额、支出方式、支出用途及金额大小写是否正确； 3. 审核完成后在支出凭单上签字确认
4	审核支出凭单和薪酬发放表	财务经理	1. 审核支出凭单信息和薪酬发放表是否一致，是否正确； 2. 审核支出凭单的日期、金额、支出方式、支出用途及金额大小写是否正确； 3. 审核完成后在支出凭单上签字确认

续 表

编 号	名 称	执行角色	作业流程说明
5	开具转账支票	出纳	1. 根据支出凭单的信息开具转账支票； 2. 检查支票填写无误后加盖公司财务章和法人章
6	登记支票使用登记簿	出纳	1. 根据签发的支票登记“支票登记簿”； 2. 支票领用人在“支票登记簿”上签字
7	去银行办理薪资发放	出纳	带齐薪资发放资料(职工薪酬发放表、转账支票、薪资录盘)去银行办理工资发放业务
8	银行柜台发放薪酬	银行柜员	1. 按照企业的职工薪酬发放表将职工薪酬发放表导入； 2. 发放薪酬
9	取得银行业务回单	出纳	取得银行的业务回单(可以直接在柜台办理时由银行柜员打印取回；在柜台未打印，次日可以在回单柜中取得)
10	填制记账凭证	财务会计	1. 依据银行业务回单、转账支票存根、支出凭单填制记账凭证； 2. 编制记账凭证，将原始单据作为附件粘贴在记账凭证后面； 3. 将记账凭证和相关原始单据交给财务经理审核
11	审核记账凭证	财务经理	1. 审核财务会计提交的记账凭证； 2. 核对记账凭证与原始凭证的一致性，审核无误后签字或盖章； 3. 将审核后的记账凭证交给出纳登记日记账
12	登记银行存款日记账	出纳	1. 根据审核后的记账凭证登记银行存款日记账； 2. 记账后在记账凭证上签字或盖章； 3. 将记账凭证交回财务会计登记科目明细账
13	登记科目明细账	财务会计	1. 接收出纳交还的记账凭证； 2. 根据记账凭证登记科目明细账； 3. 记账后在记账凭证上签字或盖章
14	登记总账	财务经理	1. 接收财务会计交给的记账凭证； 2. 在记账凭证上签字或盖章； 3. 根据记账凭证登记科目总账

三、薪酬核算与发放步骤

（一）个人缴纳社保及住房公积金计算(2020 年 1 月)

单位:元

工号	姓名	部门	岗位	基本工资	个人缴纳五险一金							
					养老保险 8%	医疗保险 2%+3 元	失业保险 0.2%	工伤保险	生育保险	五险小计	住房公积金 10%	五险一金小计
1001	梁天	企业管理部	总经理	12 000.00	960.00	243.00	24.00	—	—	1 227.00	1 200.00	2 427.00
1002	张万军	人力资源部	经理	7 500.00	600.00	153.00	15.00	—	—	768.00	750.00	1 518.00
1003	李斌	采购部	经理	7 500.00	600.00	153.00	15.00	—	—	768.00	750.00	1 518.00
1004	何明海	仓储部	经理	7 500.00	600.00	153.00	15.00	—	—	768.00	750.00	1 518.00
1005	钱坤	财务部	经理	7 500.00	600.00	153.00	15.00	—	—	768.00	750.00	1 518.00
1006	叶润中	生产计划部	经理	7 500.00	600.00	153.00	15.00	—	—	768.00	750.00	1 518.00
1007	杨笑笑	市场营销部	经理	7 500.00	600.00	153.00	15.00	—	—	768.00	750.00	1 518.00
1008	叶瑛	企业管理部	助理	5 500.00	440.00	113.00	11.00	—	—	564.00	550.00	1 114.00
1009	肖红	人力资源部	助理	5 500.00	440.00	113.00	11.00	—	—	564.00	550.00	1 114.00
1010	付海生	采购部	采购员	5 500.00	440.00	113.00	11.00	—	—	564.00	550.00	1 114.00

续　表

工　号	姓　名	部　门	岗　位	基本工资	个人缴纳五险一金							
					养老保险 8%	医疗保险 2%+3 元	失业保险 0.2%	工伤保险	生育保险	五险小计	住房公积金 10%	五险一金小计
1011	王宝珠	仓储部	仓储员	5 500.00	440.00	113.00	11.00	—	—	564.00	550.00	1 114.00
1012	刘自强	财务部	成本会计	5 500.00	440.00	113.00	11.00	—	—	564.00	550.00	1 114.00
1013	朱中华	财务部	财务会计	5 500.00	440.00	113.00	11.00	—	—	564.00	550.00	1 114.00
1014	赵丹	财务部	出纳	5 500.00	440.00	113.00	11.00	—	—	564.00	550.00	1 114.00
1015	周群	生产计划部	生产计划员	5 500.00	440.00	113.00	11.00	—	—	564.00	550.00	1 114.00
1016	孙盛国	生产计划部	车间管理员	5 500.00	440.00	113.00	11.00	—	—	564.00	550.00	1 114.00
1017	马博	市场营销部	市场专员	4 500.00	360.00	93.00	9.00	—	—	462.00	450.00	912.00
1018	刘思羽	市场营销部	销售专员	4 500.00	360.00	93.00	9.00	—	—	462.00	450.00	912.00
1019	李良钊	机加车间	初级工人	3 600.00	288.00	75.00	7.20	—	—	370.20	360.00	730.20
1044	田勤	组装车间	中级工人	4 000.00	320.00	83.00	8.00	—	—	411.00	400.00	811.00

（二）个人所得税及实发工资计算（2020 年 1 月）

单位：元

工　号	姓　名	部　门	岗　位	基本工资	代扣款项 五险一金小计	应税工资	应扣个人所得税	实发工资
1001	梁天	企业管理部	总经理	12 000.00	2 427.00	9 573.00	139.17	9 433.83
1002	张万军	人力资源部	经理	7 500.00	1 518.00	5 982.00	29.46	5 952.54
1003	李斌	采购部	经理	7 500.00	1 518.00	5 982.00	29.46	5 952.54
1004	何明海	仓储部	经理	7 500.00	1 518.00	5 982.00	29.46	5 952.54
1005	钱坤	财务部	经理	7 500.00	1 518.00	5 982.00	29.46	5 952.54
1006	叶润中	生产计划部	经理	7 500.00	1 518.00	5 982.00	29.46	5 952.54
1007	杨笑笑	市场营销部	经理	7 500.00	1 518.00	5 982.00	29.46	5 952.54
1008	叶瑛	企业管理部	助理	5 500.00	1 114.00	4 386.00	0.00	4 386.00
1009	肖红	人力资源部	助理	5 500.00	1 114.00	4 386.00	0.00	4 386.00
1010	付海生	采购部	采购员	5 500.00	1 114.00	4 386.00	0.00	4 386.00

续　表

工　号	姓　名	部　门	岗　位	基本工资	代扣款项 五险一金小计	应税工资	应扣个人所得税	实发工资
1011	王宝珠	仓储部	仓储员	5 500.00	1 114.00	4 386.00	0.00	4 386.00
1012	刘自强	财务部	成本会计	5 500.00	1 114.00	4 386.00	0.00	4 386.00
1013	朱中华	财务部	财务会计	5 500.00	1 114.00	4 386.00	0.00	4 386.00
1014	赵丹	财务部	出纳	5 500.00	1 114.00	4 386.00	0.00	4 386.00
1015	周群	生产计划部	生产计划员	5 500.00	1 114.00	4 386.00	0.00	4 386.00
1016	孙盛国	生产计划部	车间管理员	5 500.00	1 114.00	4 386.00	0.00	4 386.00
1017	马博	市场营销部	市场专员	4 500.00	912.00	3 588.00	0.00	3 588.00
1018	刘思羽	市场营销部	销售专员	4 500.00	912.00	3 588.00	0.00	3 588.00
1019	李良钊	机加车间	初级工人	3 600.00	730.20	2 869.80	0.00	2 869.80
1044	田勤	组装车间	中级工人	4 000.00	811.00	3 189.00	0.00	3 189.00

（三）薪资计算表

单位：元

工号	姓名	部门	岗位	基本工资	代扣款项目								应税工资	应扣个人所得税	实发金额
					养老保险 8%	医疗保险 2%+3 元	失业保险 0.2%	工伤保险	生育保险	五险小计	住房公积金 10%	五险一金小计			
1001	梁天	企业管理部	总经理	12 000.00	960.00	243.00	24.00	—	—	1 227	1 200.00	2 427.00	9 573.00	139.17	9 433.83
1002	张万军	人力资源部	经理	7 500.00	600.00	153.00	15.00	—	—	768.00	750.00	1 518.00	5 982.00	29.46	5 952.54
1003	李斌	采购部	经理	7 500.00	600.00	153.00	15.00	—	—	768.00	750.00	1 518.00	5 982.00	29.46	5 952.54
1004	何明海	仓储部	经理	7 500.00	600.00	153.00	15.00	—	—	768.00	750.00	1 518.00	5 982.00	29.46	5 952.54
1005	钱坤	财务部	经理	7 500.00	600.00	153.00	15.00	—	—	768.00	750.00	1 518.00	5 982.00	29.46	5 952.54
1006	叶润中	生产计划部	经理	7 500.00	600.00	153.00	15.00	—	—	768.00	750.00	1 518.00	5 982.00	29.46	5 952.54
1007	杨笑笑	市场营销部	经理	7 500.00	600.00	153.00	15.00	—	—	768.00	750.00	1 518.00	5 982.00	29.46	5 952.54
1008	叶瑛	企业管理部	助理	5 500.00	440.00	113.00	11.00	—	—	564.00	550.00	1 114.00	4 386.00	—	4 386.00
1009	肖红	人力资源部	助理	5 500.00	440.00	113.00	11.00	—	—	564.00	550.00	1 114.00	4 386.00	—	4 386.00
1010	付海生	采购部	采购员	5 500.00	440.00	113.00	11.00	—	—	564.00	550.00	1 114.00	4 386.00	—	4 386.00
1011	王宝珠	仓储部	仓储员	5 500.00	440.00	113.00	11.00	—	—	564.00	550.00	1 114.00	4 386.00	—	4 386.00
1012	刘自强	财务部	成本会计	5 500.00	440.00	113.00	11.00	—	—	564.00	550.00	1 114.00	4 386.00	—	4 386.00
1013	朱中华	财务部	财务会计	5 500.00	440.00	113.00	11.00	—	—	564.00	550.00	1 114.00	4 386.00	—	4 386.00
1014	赵丹	财务部	出纳	5 500.00	440.00	113.00	11.00	—	—	564.00	550.00	1 114.00	4 386.00	—	4 386.00

续 表

工号	姓名	部门	岗位	基本工资	代扣款项目								应税工资	应扣个人所得税	实发金额
					养老保险 8%	医疗保险 2%+3 元	失业保险 0.2%	工伤保险	生育保险	五险小计	住房公积金 10%	五险一金小计			
1015	周群	生产计划部	生产计划员	5 500.00	440.00	113.00	11.00	—	—	564.00	550.00	1 114.00	4 386.00	—	4 386.00
1016	孙盛国	生产计划部	车间管理员	5 500.00	440.00	113.00	11.00	—	—	564.00	550.00	1 114.00	4 386.00	—	4 386.00
1017	马博	市场营销部	市场专员	4 500.00	360.00	93.00	9.00	—	—	462.00	450.00	912.00	3 588.00	—	3 588.00
1018	刘思羽	市场营销部	销售专员	4 500.00	360.00	93.00	9.00	—	—	462.00	450.00	912.00	3 588.00	—	3 588.00
1019	李良钊	机加车间	初级工人	3 600.00	288.00	75.00	7.20	—	—	370.20	360.00	730.20	2 869.80	—	2 869.80
1020	付玉芳	机加车间	初级工人	3 600.00	288.00	75.00	7.20	—	—	370.20	360.00	730.20	2 869.80	—	2 869.80
1021	张接义	机加车间	初级工人	3 600.00	288.00	75.00	7.20	—	—	370.20	360.00	730.20	2 869.80	—	2 869.80
1022	毕红	机加车间	初级工人	3 600.00	288.00	75.00	7.20	—	—	370.20	360.00	730.20	2 869.80	—	2 869.80
1023	吴淑敏	机加车间	初级工人	3 600.00	288.00	75.00	7.20	—	—	370.20	360.00	730.20	2 869.80	—	2 869.80
1024	毛龙生	机加车间	初级工人	3 600.00	288.00	75.00	7.20	—	—	370.20	360.00	730.20	2 869.80	—	2 869.80
1025	扈志明	机加车间	初级工人	3 600.00	288.00	75.00	7.20	—	—	370.20	360.00	730.20	2 869.80	—	2 869.80
1026	李龙吉	机加车间	初级工人	3 600.00	288.00	75.00	7.20	—	—	370.20	360.00	730.20	2 869.80	—	2 869.80
1027	吴官胜	机加车间	初级工人	3 600.00	288.00	75.00	7.20	—	—	370.20	360.00	730.20	2 869.80	—	2 869.80
1028	雷丹	机加车间	初级工人	3 600.00	288.00	75.00	7.20	—	—	370.20	360.00	730.20	2 869.80	—	2 869.80
1029	刘良生	机加车间	初级工人	3 600.00	288.00	75.00	7.20	—	—	370.20	360.00	730.20	2 869.80	—	2 869.80

续 表

工号	姓名	部门	岗位	基本工资	代扣款项目								应税工资	应扣个人所得税	实发金额
					养老保险 8%	医疗保险 2%+3 元	失业保险 0.2%	工伤保险	生育保险	五险小计	住房公积金 10%	五险一金小计			
1030	余俊美	机加车间	初级工人	3 600.00	288.00	75.00	7.20	—	—	370.20	360.00	730.20	2 869.80	—	2 869.80
1031	徐积福	机加车间	初级工人	3 600.00	288.00	75.00	7.20	—	—	370.20	360.00	730.20	2 869.80	—	2 869.80
1032	潘俊辉	机加车间	初级工人	3 600.00	288.00	75.00	7.20	—	—	370.20	360.00	730.20	2 869.80	—	2 869.80
1033	朱祥松	机加车间	初级工人	3 600.00	288.00	75.00	7.20	—	—	370.20	360.00	730.20	2 869.80	—	2 869.80
1034	刘文钦	机加车间	初级工人	3 600.00	288.00	75.00	7.20	—	—	370.20	360.00	730.20	2 869.80	—	2 869.80
1035	龚文辉	机加车间	初级工人	3 600.00	288.00	75.00	7.20	—	—	370.20	360.00	730.20	2 869.80	—	2 869.80
1036	王小强	机加车间	初级工人	3 600.00	288.00	75.00	7.20	—	—	370.20	360.00	730.20	2 869.80	—	2 869.80
1037	刘胜	机加车间	初级工人	3 600.00	288.00	75.00	7.20	—	—	370.20	360.00	730.20	2 869.80	—	2 869.80
1038	刘贞	机加车间	初级工人	3 600.00	288.00	75.00	7.20	—	—	370.20	360.00	730.20	2 869.80	—	2 869.80
1039	余永俊	组装车间	初级工人	3 600.00	288.00	75.00	7.20	—	—	370.20	360.00	730.20	2 869.80	—	2 869.80
1040	万能	组装车间	初级工人	3 600.00	288.00	75.00	7.20	—	—	370.20	360.00	730.20	2 869.80	—	2 869.80
1041	万俊俊	组装车间	初级工人	3 600.00	288.00	75.00	7.20	—	—	370.20	360.00	730.20	2 869.80	—	2 869.80
1042	张逸君	组装车间	初级工人	3 600.00	288.00	75.00	7.20	—	—	370.20	360.00	730.20	2 869.80	—	2 869.80
1043	言海根	组装车间	初级工人	3 600.00	288.00	75.00	7.20	—	—	370.20	360.00	730.20	2 869.80	—	2 869.80
1044	田勤	组装车间	中级工人	4 000.00	320.00	83.00	8.00	—	—	411.00	400.00	811.00	3 189.00	—	3 189.00

续 表

工号	姓名	部门	岗位	基本工资	代扣款项目								应税工资	应扣个人所得税	实发金额
					养老保险8%	医疗保险2%+3元	失业保险0.2%	工伤保险	生育保险	五险小计	住房公积金10%	五险一金小计			
1045	肖鹏	组装车间	中级工人	4 000.00	320.00	83.00	8.00	—	—	411.00	400.00	811.00	3 189.00	—	3 189.00
1046	徐宏	组装车间	中级工人	4 000.00	320.00	83.00	8.00	—	—	411.00	400.00	811.00	3 189.00	—	3 189.00
1047	田军	组装车间	中级工人	4 000.00	320.00	83.00	8.00	—	—	411.00	400.00	811.00	3 189.00	—	3 189.00
1048	郑华珺	组装车间	中级工人	4 000.00	320.00	83.00	8.00	—	—	411.00	400.00	811.00	3 189.00	—	3 189.00
1049	洪梁	组装车间	中级工人	4 000.00	320.00	83.00	8.00	—	—	411.00	400.00	811.00	3 189.00	—	3 189.00
1050	冯奇	组装车间	中级工人	4 000.00	320.00	83.00	8.00	—	—	411.00	400.00	811.00	3 189.00	—	3 189.00
1051	黄聪	组装车间	中级工人	4 000.00	320.00	83.00	8.00	—	—	411.00	400.00	811.00	3 189.00	—	3 189.00
1052	薛萍	组装车间	中级工人	4 000.00	320.00	83.00	8.00	—	—	411.00	400.00	811.00	3 189.00	—	3 189.00
1053	张世平	组装车间	中级工人	4 000.00	320.00	83.00	8.00	—	—	411.00	400.00	811.00	3 189.00	—	3 189.00
1054	李小春	组装车间	中级工人	4 000.00	320.00	83.00	8.00	—	—	411.00	400.00	811.00	3 189.00	—	3 189.00
1055	蔡丽娟	组装车间	中级工人	4 000.00	320.00	83.00	8.00	—	—	411.00	400.00	811.00	3 189.00	—	3 189.00
1056	吴新祥	组装车间	中级工人	4 000.00	320.00	83.00	8.00	—	—	411.00	400.00	811.00	3 189.00	—	3 189.00
1057	胡首科	组装车间	中级工人	4 000.00	320.00	83.00	8.00	—	—	411.00	400.00	811.00	3 189.00	—	3 189.00
1058	邹建榕	组装车间	中级工人	4 000.00	320.00	83.00	8.00	—	—	411.00	400.00	811.00	3 189.00	—	3 189.00
合　计				265 500	21 240	5 484	531			27 255	26 550	53 805	211 695	315.93	211 379.07

（四）薪资部门汇总表

单位：元

部门名称	部门人数	实发工资	代缴个人所得税	个人自缴福利		企业代缴福利		合　计
				社会保险	住房公积金	社会保险	住房公积金	
企业管理部	2	13 819.83	139.17	1 791.00	1 750.00	5 617.50	1 750.00	24 867.50
人力资源部	2	10 338.54	29.46	1 332.00	1 300.00	4 173.00	1 300.00	18 473.00
采购部	2	10 338.54	29.46	1 332.00	1 300.00	4 173.00	1 300.00	18 473.00
仓储部	2	10 338.54	29.46	1 332.00	1 300.00	4 173.00	1 300.00	18 473.00
财务部	4	19 110.54	29.46	2 460.00	2 400.00	7 704.00	2 400.00	34 104.00
市场营销部	3	13 128.54	29.46	1 692.00	1 650.00	5 296.50	1 650.00	23 446.50
生产计划部	3	14 724.54	29.46	1 896.00	1 850.00	5 938.50	1 850.00	26 288.50
机加车间	20	57 396.00	—	7 404.00	7 200.00	23 112.00	7 200.00	102 312.00
组装车间	20	62 184.00	—	8 016.00	7 800.00	25 038.00	7 800.00	110 838.00
总　计	58	211 379.07	315.93	27 255.00	26 550.00	85 225.50	26 550.00	377 275.50

（五）工资按照费用类别归集分类

单位:元

工　号	姓　名	部　门	岗　位	基本工资	合　计	费用类别
1001	梁天	企业管理部	总经理	12 000.00	80 500.00	管理费用
1002	张万军	人力资源部	经理	7 500.00		
1003	李斌	采购部	经理	7 500.00		
1004	何明海	仓储部	经理	7 500.00		
1005	钱坤	财务部	经理	7 500.00		
1008	叶瑛	企业管理部	助理	5 500.00		
1009	肖红	人力资源部	助理	5 500.00		
1010	付海生	采购部	采购员	5 500.00		
1011	王宝珠	仓储部	仓储员	5 500.00		
1012	刘自强	财务部	成本会计	5 500.00		
1013	朱中华	财务部	财务会计	5 500.00		
1014	赵丹	财务部	出纳	5 500.00		
1006	叶润中	生产计划部	经理	7 500.00	18 500.00	制造费用
1015	周群	生产计划部	生产计划员	5 500.00		
1016	孙盛国	生产计划部	车间管理员	5 500.00		
1007	杨笑笑	市场营销部	经理	7 500.00	16 500.00	销售费用
1017	马博	市场营销部	市场专员	4 500.00		
1018	刘思羽	市场营销部	销售专员	4 500.00		
1019	李良钊	机加车间	初级工人	3 600.00	72 000.00	生产成本（机加车间）
1020	付玉芳	机加车间	初级工人	3 600.00		
1021	张接义	机加车间	初级工人	3 600.00		
1022	毕红	机加车间	初级工人	3 600.00		
1023	吴淑敏	机加车间	初级工人	3 600.00		
1024	毛龙生	机加车间	初级工人	3 600.00		
1025	扈志明	机加车间	初级工人	3 600.00		
1026	李龙吉	机加车间	初级工人	3 600.00		
1027	吴官胜	机加车间	初级工人	3 600.00		
1028	雷丹	机加车间	初级工人	3 600.00		
1029	刘良生	机加车间	初级工人	3 600.00		
1030	余俊美	机加车间	初级工人	3 600.00		
1031	徐积福	机加车间	初级工人	3 600.00		

续　表

工　号	姓　名	部　门	岗　位	基本工资	合　计	费用类别
1032	潘俊辉	机加车间	初级工人	3 600.00	72 000.00	生产成本（机加车间）
1033	朱祥松	机加车间	初级工人	3 600.00		
1034	刘文钦	机加车间	初级工人	3 600.00		
1035	龚文辉	机加车间	初级工人	3 600.00		
1036	王小强	机加车间	初级工人	3 600.00		
1037	刘胜	机加车间	初级工人	3 600.00		
1038	刘贞	机加车间	初级工人	3 600.00		
1039	余永俊	组装车间	初级工人	3 600.00	78 000.00	生产成本（组装车间）
1040	万能	组装车间	初级工人	3 600.00		
1041	万俊俊	组装车间	初级工人	3 600.00		
1042	张逸君	组装车间	初级工人	3 600.00		
1043	言海根	组装车间	初级工人	3 600.00		
1044	田勤	组装车间	中级工人	4 000.00		
1045	肖鹏	组装车间	中级工人	4 000.00		
1046	徐宏	组装车间	中级工人	4 000.00		
1047	田军	组装车间	中级工人	4 000.00		
1048	郑华珺	组装车间	中级工人	4 000.00		
1049	洪梁	组装车间	中级工人	4 000.00		
1050	冯奇	组装车间	中级工人	4 000.00		
1051	黄聪	组装车间	中级工人	4 000.00		
1052	薛萍	组装车间	中级工人	4 000.00		
1053	张世平	组装车间	中级工人	4 000.00		
1054	李小春	组装车间	中级工人	4 000.00		
1055	蔡丽娟	组装车间	中级工人	4 000.00		
1056	吴新祥	组装车间	中级工人	4 000.00		
1057	胡首科	组装车间	中级工人	4 000.00		
1058	邹建榕	组装车间	中级工人	4 000.00		
合　计				265 500.00	265 500.00	

（六）企业承担五险一金按照费用类别归集分类

单位：元

工号	姓名	部门	岗位	基本工资	企业缴纳五险一金								合计	费用类别
					养老保险 20%	医疗保险 10%	失业保险 1.0%	工伤保险 0.3%	生育保险 0.8%	五险小计	住房公积金 10%	五险一金小计		
1001	梁天	企业管理部	总经理	12 000.00	2 400	1 200	120	36	96	3 852.00	1 200.00	5 052.00	33 890.50	管理费用
1002	张万军	人力资源部	经理	7 500.00	1 500	750	75	22.5	60	2 407.50	750	3 157.50		
1003	李斌	采购部	经理	7 500.00	1 500	750	75	22.5	60	2 407.50	750	3 157.50		
1004	何明海	仓储部	经理	7 500.00	1 500	750	75	22.5	60	2 407.50	750	3 157.50		
1005	钱坤	财务部	经理	7 500.00	1 500	750	75	22.5	60	2 407.50	750	3 157.50		
1008	叶瑛	企业管理部	助理	5 500.00	1 100	550	55	16.5	44	1 765.50	550	2 315.50		
1009	肖红	人力资源部	助理	5 500.00	1 100	550	55	16.5	44	1 765.50	550	2 315.50		
1010	付海生	采购部	采购员	5 500.00	1 100	550	55	16.5	44	1 765.50	550	2 315.50		
1011	王宝珠	仓储部	仓储员	5 500.00	1 100	550	55	16.5	44	1 765.50	550	2 315.50		
1012	刘自强	财务部	成本会计	5 500.00	1 100	550	55	16.5	44	1 765.50	550	2 315.50		
1013	朱中华	财务部	财务会计	5 500.00	1 100	550	55	16.5	44	1 765.50	550	2 315.50		
1014	赵丹	财务部	出纳	5 500.00	1 100	550	55	16.5	44	1 765.50	550	2 315.50		
1006	叶润中	生产计划部	经理	7 500.00	1500	750	75	22.5	60	2 407.50	750	3 157.50	7 788.50	制造费用
1015	周群	生产计划部	生产计划员	5 500.00	1 100	550	55	16.5	44	1 765.50	550	2 315.50		
1016	孙盛国	生产计划部	车间管理员	5 500.00	1 100	550	55	16.5	44	1 765.50	550	2 315.50		

续 表

工号	姓名	部门	岗位	基本工资	企业缴纳五险一金									费用类别
					养老保险 20%	医疗保险 10%	失业保险 1.0%	工伤保险 0.3%	生育保险 0.8%	五险小计	住房公积金 10%	五险一金小计	合计	
1007	杨笑笑	市场营销部	经理	7 500.00	1 500	750	75	22.5	60	2 407.50	750	3 157.50	6 946.50	销售费用
1017	马博	市场营销部	市场专员	4 500.00	900	450	45	13.5	36	1 444.50	450	1 894.50		
1018	刘思羽	市场营销部	销售专员	4 500.00	900	450	45	13.5	36	1 444.50	450	1 894.50		
1019	李良钊	机加车间	初级工人	3 600.00	720	360	36	10.8	28.8	1 155.60	360	1 515.60	30 312	生产成本(机加车间)
1020	付玉芳	机加车间	初级工人	3 600.00	720	360	36	10.8	28.8	1 155.60	360	1 515.60		
1021	张接义	机加车间	初级工人	3 600.00	720	360	36	10.8	28.8	1 155.60	360	1 515.60		
1022	毕红	机加车间	初级工人	3 600.00	720	360	36	10.8	28.8	1 155.60	360	1 515.60		
1023	吴淑敏	机加车间	初级工人	3 600.00	720	360	36	10.8	28.8	1 155.60	360	1 515.60		
1024	毛龙生	机加车间	初级工人	3 600.00	720	360	36	10.8	28.8	1 155.60	360	1 515.60		
1025	扈志明	机加车间	初级工人	3 600.00	720	360	36	10.8	28.8	1 155.60	360	1 515.60		
1026	李龙吉	机加车间	初级工人	3 600.00	720	360	36	10.8	28.8	1 155.60	360	1 515.60		
1027	吴官胜	机加车间	初级工人	3 600.00	720	360	36	10.8	28.8	1 155.60	360	1 515.60		
1028	雷丹	机加车间	初级工人	3 600.00	720	360	36	10.8	28.8	1 155.60	360	1 515.60		
1029	刘良生	机加车间	初级工人	3 600.00	720	360	36	10.8	28.8	1 155.60	360	1 515.60		
1030	余俊美	机加车间	初级工人	3 600.00	720	360	36	10.8	28.8	1 155.60	360	1 515.60		

续 表

工 号	姓 名	部 门	岗 位	基本工资	企业缴纳五险一金								合 计	费用类别
					养老保险20%	医疗保险10%	失业保险1.0%	工伤保险0.3%	生育保险0.8%	五险小计	住房公积金10%	五险一金小计		
1031	徐积福	机加车间	初级工人	3 600.00	720	360	36	10.8	28.8	1 155.60	360	1 515.60	30 312	生产成本(机加车间)
1032	潘俊辉	机加车间	初级工人	3 600.00	720	360	36	10.8	28.8	1 155.60	360	1 515.60		
1033	朱祥松	机加车间	初级工人	3 600.00	720	360	36	10.8	28.8	1 155.60	360	1 515.60		
1034	刘文钦	机加车间	初级工人	3 600.00	720	360	36	10.8	28.8	1 155.60	360	1 515.60		
1035	龚文辉	机加车间	初级工人	3 600.00	720	360	36	10.8	28.8	1 155.60	360	1 515.60		
1036	王小强	机加车间	初级工人	3 600.00	720	360	36	10.8	28.8	1 155.60	360	1 515.60		
1037	刘胜	机加车间	初级工人	3 600.00	720	360	36	10.8	28.8	1 155.60	360	1 515.60		
1038	刘贞	机加车间	初级工人	3 600.00	720	360	36	10.8	28.8	1 155.60	360	1 515.60		
1039	余永俊	组装车间	初级工人	3 600.00	720	360	36	10.8	28.8	1 155.60	360	1 515.60	32 838	生产成本(组装车间)
1040	万能	组装车间	初级工人	3 600.00	720	360	36	10.8	28.8	1 155.60	360	1 515.60		
1041	万俊俊	组装车间	初级工人	3 600.00	720	360	36	10.8	28.8	1 155.60	360	1 515.60		
1042	张逸君	组装车间	初级工人	3 600.00	720	360	36	10.8	28.8	1 155.60	360	1 515.60		
1043	言海根	组装车间	初级工人	3 600.00	720	360	36	10.8	28.8	1 155.60	360	1 515.60		
1044	田勤	组装车间	中级工人	4 000.00	800	400	40	12	32	1 284.00	400	1 684.00		
1045	肖鹏	组装车间	中级工人	4 000.00	800	400	40	12	32	1 284.00	400	1 684.00		

续 表

工号	姓名	部门	岗位	基本工资	企业缴纳五险一金								合计	费用类别
					养老保险 20%	医疗保险 10%	失业保险 1.0%	工伤保险 0.3%	生育保险 0.8%	五险小计	住房公积金 10%	五险一金小计		
1046	徐宏	组装车间	中级工人	4 000.00	800	400	40	12	32	1 284.00	400	1 684.00	32 838	生产成本(组装车间)
1047	田军	组装车间	中级工人	4 000.00	800	400	40	12	32	1 284.00	400	1 684.00		
1048	郑华珺	组装车间	中级工人	4 000.00	800	400	40	12	32	1 284.00	400	1 684.00		
1049	洪梁	组装车间	中级工人	4 000.00	800	400	40	12	32	1 284.00	400	1 684.00		
1050	冯奇	组装车间	中级工人	4 000.00	800	400	40	12	32	1 284.00	400	1 684.00		
1051	黄聪	组装车间	中级工人	4 000.00	800	400	40	12	32	1 284.00	400	1 684.00		
1052	薛萍	组装车间	中级工人	4 000.00	800	400	40	12	32	1 284.00	400	1 684.00		
1053	张世平	组装车间	中级工人	4 000.00	800	400	40	12	32	1 284.00	400	1 684.00		
1054	李小春	组装车间	中级工人	4 000.00	800	400	40	12	32	1 284.00	400	1 684.00		
1055	蔡丽娟	组装车间	中级工人	4 000.00	800	400	40	12	32	1 284.00	400	1 684.00		
1056	吴新祥	组装车间	中级工人	4 000.00	800	400	40	12	32	1 284.00	400	1 684.00		
1057	胡首科	组装车间	中级工人	4 000.00	800	400	40	12	32	1 284.00	400	1 684.00		
1058	邹建榕	组装车间	中级工人	4 000.00	800	400	40	12	32	1 284.00	400	1 684.00		
合计				265 500	53 100	26 550	2 655	796.5	2 124	85 225.50	26 550	111 775.50	111 775.50	

（七）薪酬核算记账凭证

记账凭证

2020年1月25日　　　　记字　第 033号

摘要	总账科目	明细账科目	借方金额	贷方金额	√
计提人员工资	生产成本	直接人工（经济车架）	72000.00		附
	生产成本	直接人工（经济型童车）	78000.00		件
	制造费用	工资	18500.00		1
	销售费用		16500.00		张
	管理费用		80500.00		
	应付职工薪酬	工资		265500.00	
合计			¥265,500.00	¥265,500.00	

财务主管　　记账　　出纳　　审核　　制单

记账凭证

2020年1月25日　　　　记字　第 34号

摘要	总账科目	明细账科目	借方金额	贷方金额	√
计提企业缴五险一金	生产成本	直接人工（经济车架）	30312.00		附
	生产成本	直接人工（经济型童车）	32838.00		件
	制造费用	工资	7788.50		1
	销售费用		6946.50		
	管理费用		33890.50		
	应付职工薪酬	社会保险		85225.50	
	应付职工薪酬	住房公积金		26550.00	张
合计			¥111,775.50	¥111,775.50	

财务主管　　记账　　出纳　　审核　　制单

（八）薪酬发放系统操作

薪酬发放是每个企业每月必做的业务，一般是由人力资源部门与财务部门协同配合完成。会计核算时按照权责发生制，工资费用当月分配下月发放。

所以本任务所核算的薪酬将在 2020 年 2 月 5 日发放，出纳持人力资源部制作好的工资发放表到银行办理转账，将工资款项从单位基本账户，转至单位工资账户，再划拨到员工个人账户上。

职工薪酬发放表需要人力资源助理通过业务操作进行薪资录盘，即通过业务操作导出职工薪酬发放表 Excel 模版，并在此模版上按照薪酬核算环节的“薪资计算表”修改相关人员及薪酬信息，之后填写支出凭单，最后出纳带齐薪资发放资料（职工薪酬发放表、转账支票、薪资录盘）去银行办理工资发放。

任务中心　VBSE jianzhi14［人力资源助理］

任务中心 > MXC2发放薪酬（制造业）

工作流程　填写单据　业务操作　决策依据　　回退　保存　完成

修改　保存　导出

序号	姓名	部门	级别	个人账户	公司账户	实发工资	基本工资
1	毕红	车间	初级工人	4231588997835110	0100229999000099001	2869.80	3600.00
2	吴官胜	车间	初级工人	4231588997835106	0100229999000099001	2869.80	3600.00
3	雷丹	车间	初级工人	4231588997835087	0100229999000099001	2869.80	3600.00
4	刘良生	车间	初级工人	4231588997835100	0100229999000099001	2869.80	3600.00
5	张逸君	车间	初级工人	4231588997835108	0100229999000099001	2869.80	3600.00

1　2　3　4　5　…　12　下一页

（九）薪酬发放支出凭单

新道 seentao 教学专用

支出凭单

部门：人力资源部　　2020 年 02 月 05 日　　预算项目：

即　付：2020年1月份职工薪酬 款

计人民币（大写）：贰拾壹万壹仟叁佰柒拾玖元零柒分　¥ 211379.07

领款人：肖红

会计主管	朱中华	出纳	赵丹

部门经理：张万军　　财务部经理：钱坤　　总经理：梁天

网址：www.seentao.com　电话：4006600599　编码：DJ0002

（十）薪酬发放记账凭证

记账凭证

2020年1月5日　　记字　第007 号

摘要	总账科目	明细科目	借方金额	贷方金额	√
发放上月工资	应付职工薪酬	工资	265500.00		
	应交税费	应交个人所得税		634.06	
	其他应付款	五险一金（个人）		53805.00	
	银行存款	工行存款		211060.94	
合计			¥265,500.00	¥265,500.00	

附件 2 张

财务主管　记账　出纳　审核　制单

任务五　个人所得税申报与缴纳

任务背景

个人所得税(Personal Income Tax)是调整征税机关与自然人(居民、非居民人)之间在个人所得税的征纳与管理过程中所发生的社会关系的法律规范的总称。个人所得税的纳税义务人,既包括居民纳税义务人,也包括非居民纳税义务人。居民纳税义务人负有完全纳税的义务,必须就其来源于中国境内、境外的全部所得缴纳个人所得税;而非居民纳税义务人仅就其来源于中国境内的所得,缴纳个人所得税。

个人所得税的申报与缴纳工作都需要于每月月初完成。业务背景请参考项目四任务一、任务四的内容。

个税专项附加扣除体现出的社会意义

任务目标

1. 了解个人所得税申报和缴纳流程。
2. 熟悉个人所得税申报和缴纳涉及单据填写。

知识解析

一、个人所得税的申报和缴纳流程

(一) 个人所得税的申报流程

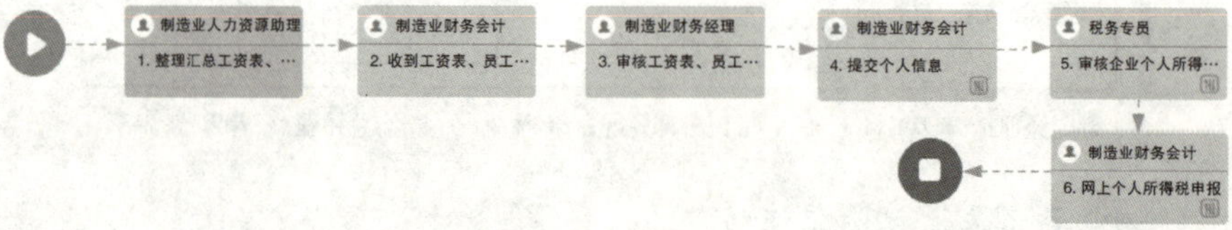

(二) 个人所得税的缴纳流程

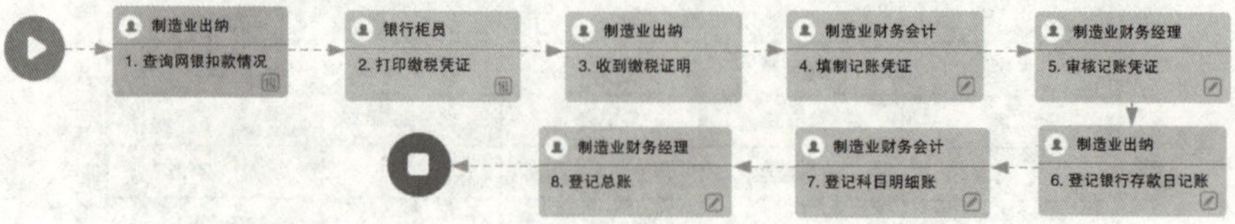

二、个人所得税的申报和缴纳任务实施说明

（一）个人所得税的申报任务实施说明

编　号	名　称	执行角色	作业流程说明
1	整理汇总工资表、员工信息	人力资源助理	1. 整理、汇总工资表和员工信息； 2. 提交工资表和员工信息给财务会计
2	收到工资表、员工信息	财务会计	1. 收到人力资源助理提交的工资表和员工信息； 2. 与人力资源助理确认工资表和员工信息，确认后提交给财务经理
3	审核工资表、员工信息	财务经理	1. 收到财务会计提交的工资表和员工信息； 2. 审核个人所得税金额； 3. 交给财务会计提交税务局
4	提交个人信息	财务会计	1. 根据员工信息在 VBSE 系统中下载导入模版，根据员工信息填写“个人所得税基础信息模板”； 2. 将填好的“个人所得税基础信息模板”导入系统中并提交税务局
5	审核企业个人所得税申报	税务专员	在 VBSE 系统中审核企业提交的个人所得税申报
6	网上个人所得税申报	财务会计	1. 在 VBSE 系统中下载“扣缴个人所得税报告表模板”； 2. 根据工资表和员工信息填写“扣缴个人所得税报告表模板”； 3. 将填好的“扣缴个人所得税报告表模板”导入系统中并扣缴个人所得税

（二）个人所得税的缴纳任务实施说明

编　号	名　称	执行角色	作业流程说明
1	查询网银扣款情况	出纳	1. 查询网银，确认个人所得税是否已扣款成功； 2. 到银行打印税收缴税证明
2	打印缴税凭证	银行柜员	1. 查询转账记录； 2. 确认后打印缴税证明
3	收到缴税证明	出纳	收到缴税证明并交给财务会计
4	填制记账凭证	财务会计	1. 根据扣款通知和税收缴款书填制记账凭证； 2. 将扣款通知和税收缴款书粘贴在记账凭证后作为原始单据； 3. 提交给财务经理审核
5	审核记账凭证	财务经理	1. 收到记账凭证和相关原始单据； 2. 审核记账凭证是否正确； 3. 确认无误后签字或盖章，将记账凭证交给出纳登记银行存款日记账
6	登记银行存款日记账	出纳	1. 根据审核后的记账凭证登记银行存款日记账； 2. 记账后在记账凭证上签字或盖章； 3. 将记账凭证交给财务会计登记科目明细账

续　表

编　号	名　称	执行角色	作业流程说明
7	登记科目明细账	财务会计	1. 根据审核后的记账凭证登记科目明细账； 2. 记账后在记账凭证上签字或盖章
8	登记总账	财务经理	1. 根据审核后的记账凭证登记总账 ； 2. 记账后在记账凭证上签字或盖章

三、个人所得税申报与缴纳流程涉及单据填写样例与系统操作

（一）人员信息采集系统操作

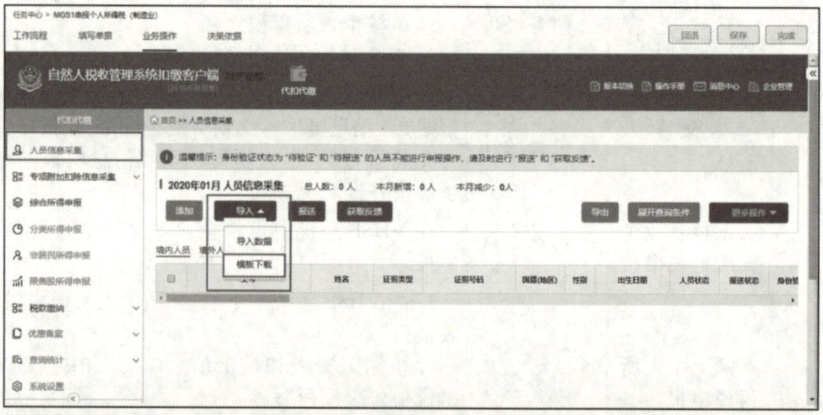

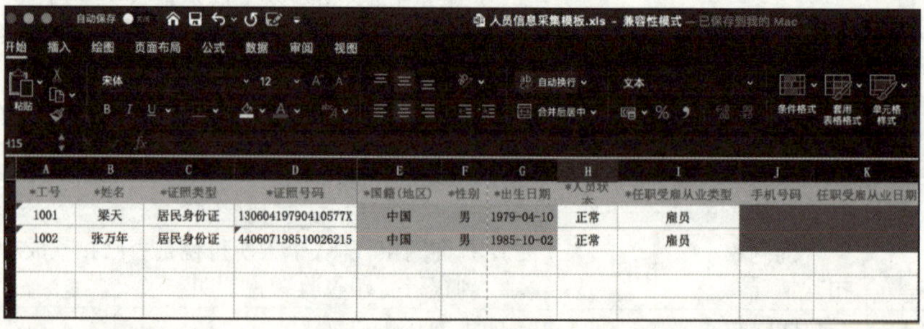

企业财务人员根据员工信息在 VBSE 系统中下载导入模版，根据员工信息填写“个人所得税基础信息模板”，之后将填好的“个人所得税基础信息模板”导入系统中并提交税务局。

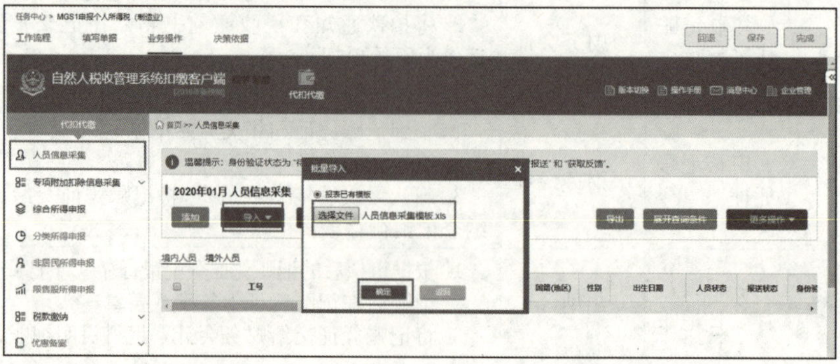

温馨提示

“个人所得税基础信息”模板在使用过程中，格式不能修改，否则会导致后期上传不成功。已经导入的人员信息不能重复导入，否则将会提示已经存在无法导入。模版中的信息只需要填写到“任职受雇从业类型”这一列，其中证照号码需要与项目四任务一中批量办理个人银行卡时提供的身份证号一致，制造企业需要申报58名员工的个人所得税，工贸企业需要申报4名员工的个人所得税，商贸企业需要申报7名员工的个人所得税，其中制造企业除管理层外的工人的身份证号码，需要自行编制，但要保证不重复。

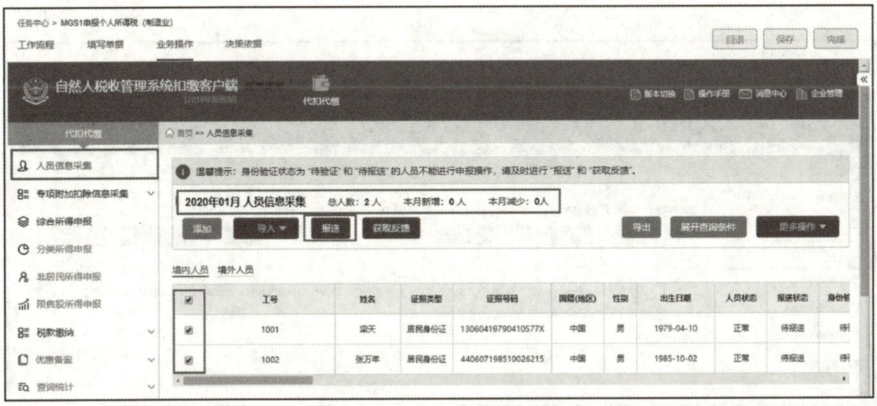

企业财务人员导入“个人所得税基础信息模板”之后，点击“报送”，将信息报送给税务局进行审核。

税务局工作人员点击“审核”，对企业报送来的人员信息进行审核。

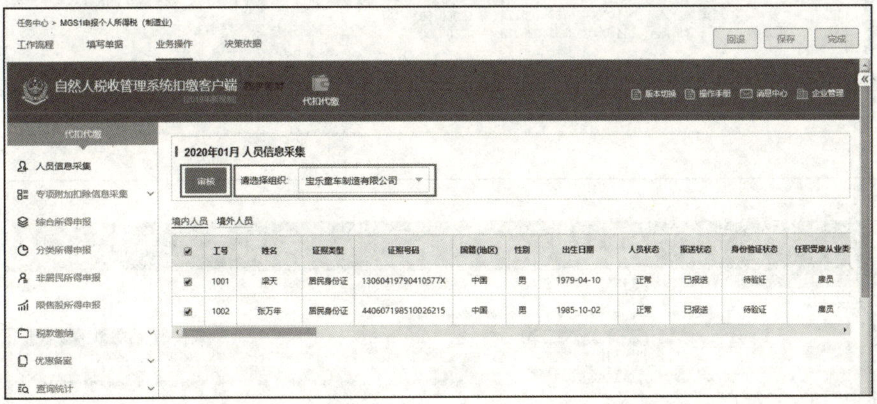

（二）个人所得税申报系统操作

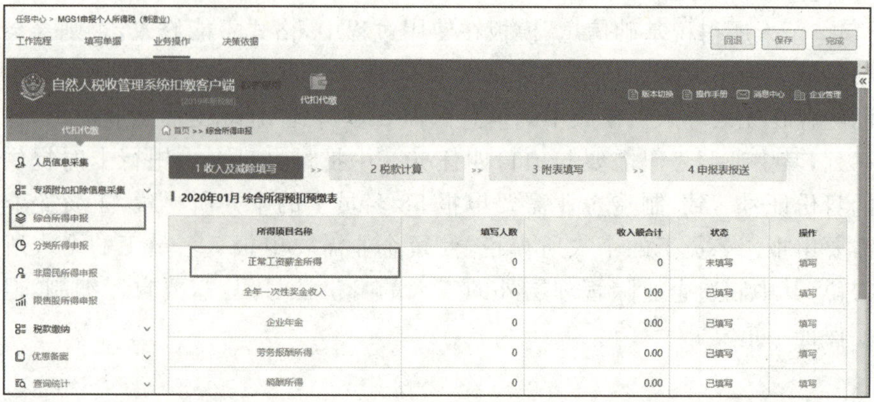

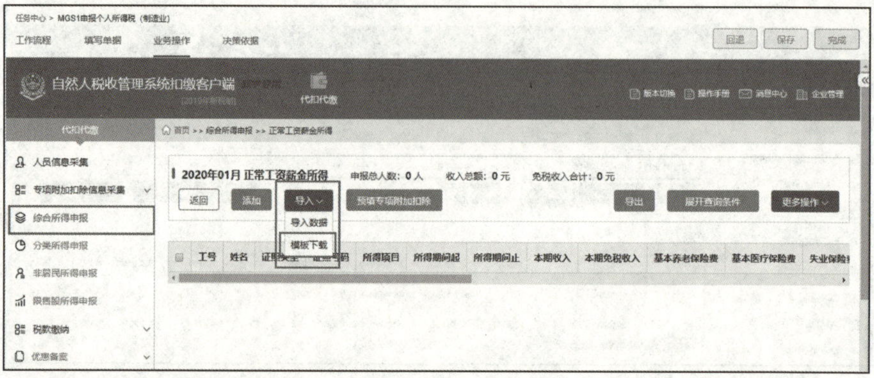

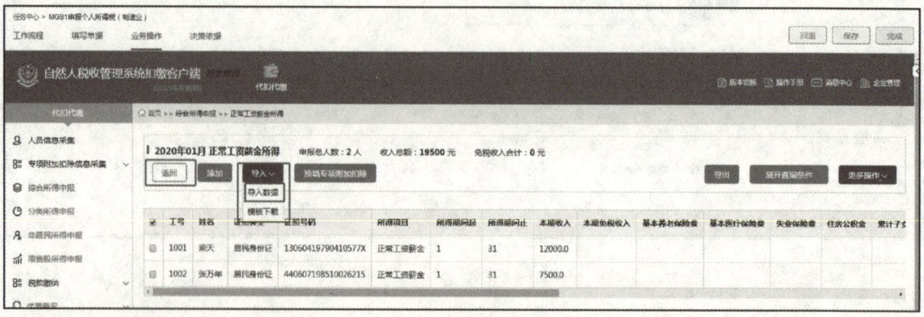

人员信息采集之后，企业需要在系统中进行个人所得税申报工作。企业财务人员登录VBSE系统，进入个人所得税申报系统操作入口，点击“综合所得申报”—“正常工资薪金所得”—下载“正常工资薪金所得”模版并填写之后导入数据，导入之后点击返回，进行下一步，在系统进行税款缴纳。

返回后点击“4.申报表报送”—“发送申报”。

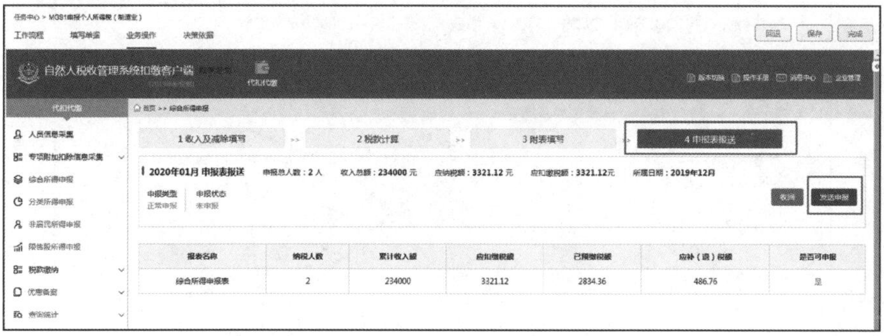

之后点击“税款缴纳”—“三方协议缴款”。

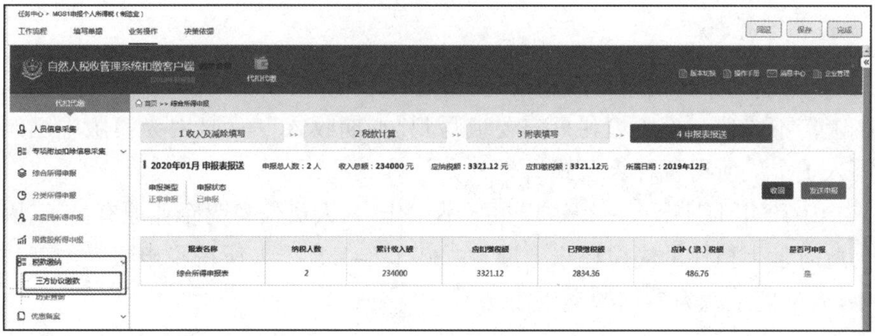

再点击“立即缴款”完成个人所得税缴款工作。

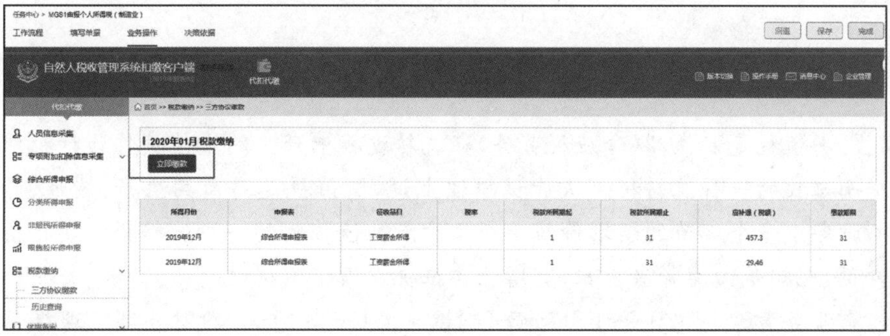

（三）个人所得税税收缴款通知书

中国工商银行

缴付日期：2020年1月5日　　**电子缴税付款凭证**　　No: 0000077433

纳税人全称：　好佳童车制造有限公司
纳税人识别号：110100101032345037
付款人全称：　好佳童车制造有限公司　　征收机关名称：　国家税务总局北京市海淀区税务局
收缴国库（银行）名称：地税金库北京市海淀区中心支库01908
付款人账号：　0100229999333823　　缴款书交易流水号：00018726
税票号码：001297966
付款人开户银行：　中国工商银行北京分行
小写（合计）金额：￥634.06
大写（合计）金额：陆佰叁拾肆元零角陆分

税（种）费名称	所属时期	实缴金额
增值税	20191201--20191231	634.06
	/ / -- / /	0.00
	/ / -- / /	0.00
	/ / -- / /	0.00
	/ / -- / /	0.00
	/ / -- / /	0.00
	/ / -- / /	0.00

中国工商银行北京分 2020.01.0 办讫 (01)

第　1 次打印　　打印时间：　20200105

第二联：作付款回单（无银行收讫章无效）　　复核　　记账　1052

温馨提示

“正常工资薪金所得”模版在使用过程中，格式不能修改，否则会导致后期上传不成功。模版填写只需要填写到“本期收入”一列，因为模版中已经写入了个人所得税计算公式。

2020 年 1 月个人所得税申报缴纳工作中，人员信息为企业原有员工，因为此时学生担任的岗位还未上岗，在 2021 年 1 月个人所得税申报缴纳工作中，人员信息就为参训的学生信息了。

任务六　增值税申报与缴纳

任务背景

增值税是以商品（含应税劳务）在流转过程中产生的增值额作为计税依据而征收的一种流转税。从计税原理上说，增值税是对商品生产、流通、劳务服务中多个环节的新增价值或商品的附加值征收的一种流转税。实行价外税，也就是由消费者负担，有增值才征税没增值不征税。

业务背景：2020 年 1 月 5 日，制造企业（一般纳税人）财务部经理根据上月的采购和销售状况，申报企业的增值税。相关采购和销售信息如下：

采购订单信息：

2019 年 12 月采购订单信息

原材料名称	采购数量	单　价	金　额	未税金额	税　额
钢管	8 400	109.00	915 600.00	810 265.49	105 334.51
坐垫	4 200	83.00	348 600.00	308 495.58	40 104.42
车轮	18 000	28.00	504 000.00	446 017.70	57 982.30
车篷	4 200	150.00	630 000.00	557 522.12	72 477.88
经济型童车包装套件	4 200	94.00	394 800.00	349 380.53	45 419.47
合　计			2 793 000.00	2 471 681.42	321 318.58

销售订单信息：

2019 年 12 月销售订单信息

产品名称	销售数量	单　价	金　额	未税金额	税　额
经济型童车	4 500	950.00	4 275 000.00	3 783 185.84	491 814.16

任务目标

1. 了解增值税申报和缴纳流程。
2. 熟悉增值税申报和缴纳系统操作。

知识解析

在增值税计算与申报工作中发扬女排精神

一般纳税人的增值税计算可以参照以下公式：

应纳税额＝当期销项税额－当期进项税额

销项税额＝销售额×税率

销售额＝含税销售额÷(1＋税率)

销项税额是指纳税人提供应税服务按照销售额和增值税税率计算的增值税额。

进项税额是指纳税人购进货物或者接受加工修理修配劳务和应税服务，支付或者负担的增值税税额。

一、增值税的申报和缴纳流程

（一）增值税的申报流程

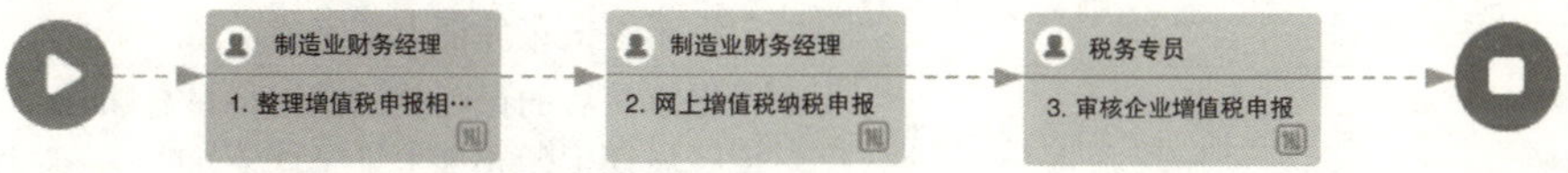

（二）增值税的缴纳流程

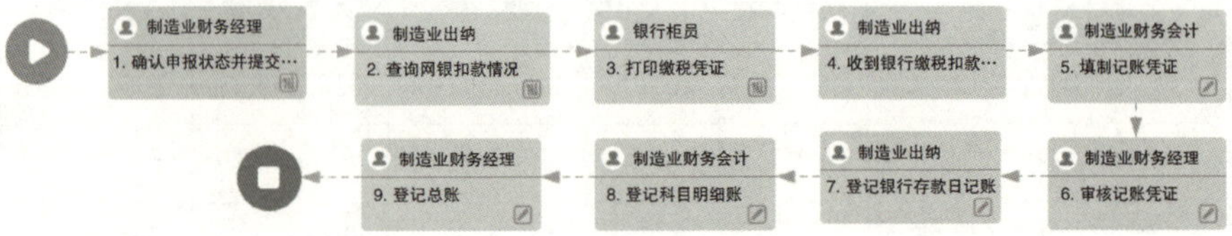

二、增值税的申报和缴纳任务实施说明

（一）增值税的申报任务实施说明

编　号	名　称	执行角色	作业流程说明
1	填写增值税纳税申报表	财务经理	1. 准备上期的进项税，汇总并整理； 2. 准备上期的销项税，汇总并整理
2	网上增值税纳税申报	财务经理	1. 在 VBSE 系统中根据确认的金额进行增值税纳税申报； 2. 填写完成后提交税务机关审核
3	审核企业增值税申报	税务专员	在 VBSE 系统中审核企业提交的增值税申报

（二）增值税的缴纳任务实施说明

编　号	名　称	执行角色	作业流程说明
1	确认申报状态并提交扣款	财务经理	1. 在 VBSE 系统中查看申报状态； 2. 审核通过后点击“扣款”
2	查询网银扣款情况	出纳	1. 查询网银，确认增值税是否已扣款成功； 2. 到银行打印税收缴税证明
3	打印缴税凭证	银行柜员	1. 查询转账记录； 2. 确认后打印缴税证明
4	收到银行缴税扣款证明	出纳	1. 收到银行的缴税扣款证明； 2. 将缴税扣款证明交给财务会计
5	填制记账凭证	财务会计	1. 根据缴税证明编制记账凭证； 2. 将银行税收缴款单和税收缴税证明粘贴在记账凭证后面作为附件； 3. 将记账凭证交给财务经理审核
6	审核记账凭证	财务部经理	1. 收到记账凭证和缴款书； 2. 审核记账凭证是否正确； 3. 审核无误，在记账凭证上签字或盖章； 4. 交给出纳登记银行存款日记账
7	登记银行存款日记账	出纳	1. 依据审核的记账凭证登记银行存款日记账； 2. 登记后在记账凭证上签字或盖章，将记账凭证返还财务会计
8	登记科目明细账	财务会计	1. 根据审核后的记账凭证登记科目明细账； 2. 记账后在记账凭证上签字或盖章
9	登记总账	财务部经理	1. 根据审核后的记账凭证登记科目总账； 2. 记账后在记账凭证上签字或盖章

三、增值税申报与缴纳系统操作

（一）增值税申报系统操作

财务经理登录国家税务总局申报界面，点击“我要办税”进行增值税申报。

增值税申报表不是一张表，在申报的时候需要按照一定的顺序：

首先填写表一，根据背景资料填写在相应行列。

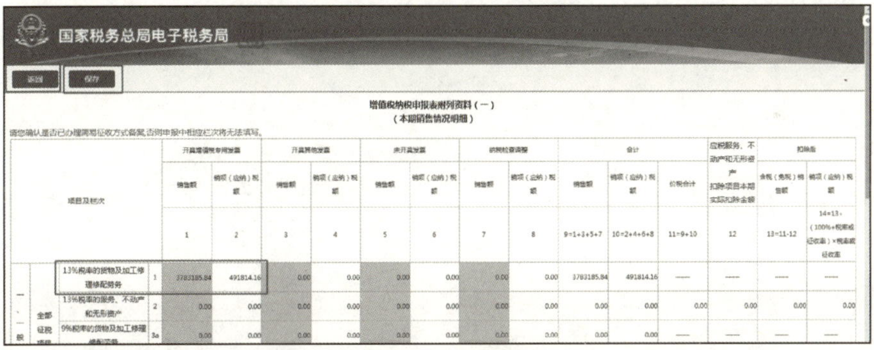

其次填写表三，表三为服务、不动产和无形资产扣除项目明细，本背景资料中不涉及此类业务，故本表只需要零申报，之后点击“保存”、返回，继续填写表二。

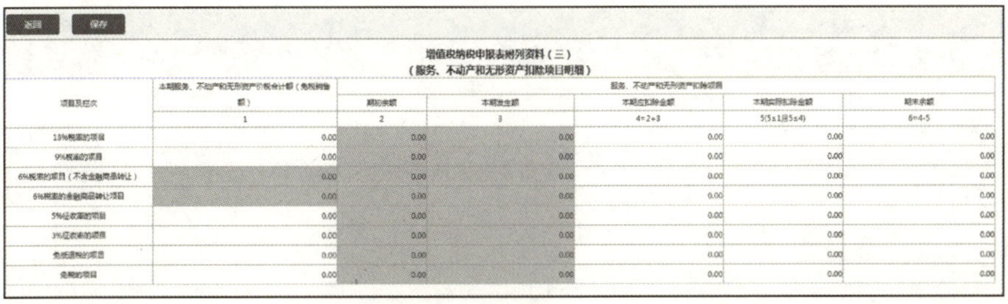

填写表二的时候，系统中不会自动计算出税额，需要自行填写，根据背

景资料进行申报，之后点击“保存”、返回，继续填写表四。

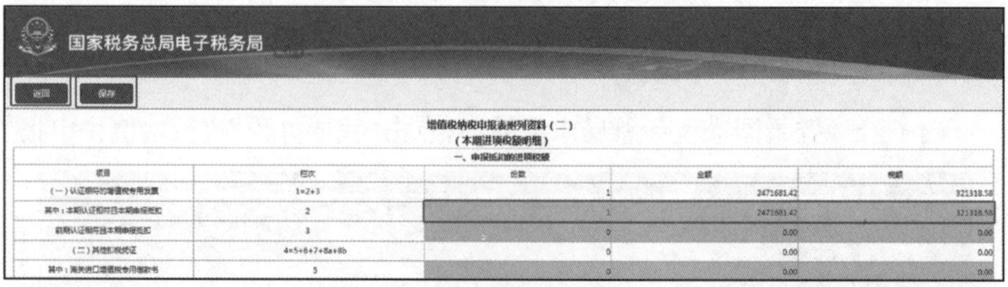

增值税纳税申报表附列资料（二）
（本期进项税额明细）

一、申报抵扣的进项税额				
项目	栏次	份数	金额	税额
（一）认证相符的增值税专用发票	1=2+3	1	2471681.42	321318.58
其中：本期认证相符且本期申报抵扣	2	1	2471681.42	321318.58
前期认证相符且本期申报抵扣	3	0	0.00	0.00
（二）其他扣税凭证	4=5+6+7+8a+8b	0	0.00	0.00
其中：海关进口增值税专用缴款书	5	0	0.00	0.00

表四为税额抵减情况表，本背景资料中不涉及此类业务，故本表只需要零申报，点击“保存”、返回，继续填写主表。

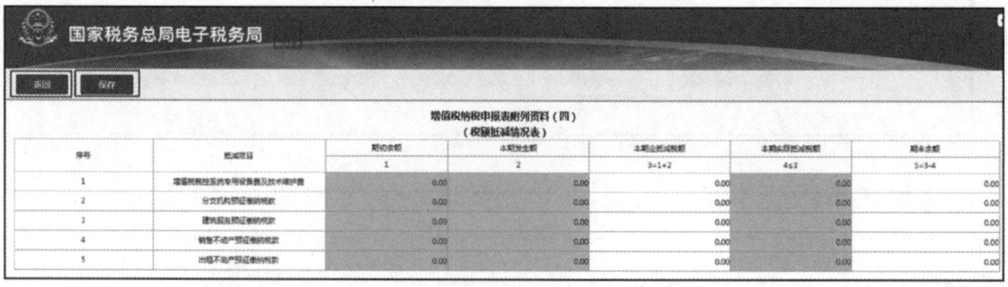

增值税纳税申报表附列资料（四）
（税额抵减情况表）

序号	抵减项目	期初余额	本期发生额	本期应抵减税额	本期实际抵减税额	期末余额
		1	2	3=1+2	4≤3	5=3-4
1	增值税税控系统专用设备费及技术维护费	0.00	0.00	0.00	0.00	0.00
2	分支机构预征缴纳税款	0.00	0.00	0.00	0.00	0.00
3	建筑服务预征缴纳税款	0.00	0.00	0.00	0.00	0.00
4	销售不动产预征缴纳税款	0.00	0.00	0.00	0.00	0.00
5	出租不动产预征缴纳税款	0.00	0.00	0.00	0.00	0.00

原则上，主表会将副表填写的数据钩稽过来，但也有一些项目需要微调，在申报的时候需要仔细核对检查是否有需要调整的项目，确保无误后，点击“保存”、返回，进行申报。

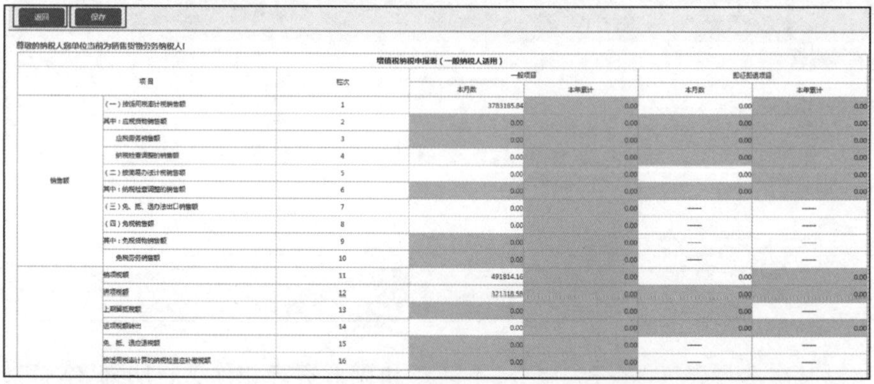

增值税纳税申报表（一般纳税人适用）

项目		栏次	一般项目		即征即退项目	
			本月数	本年累计	本月数	本年累计
销售额	（一）按适用税率计税销售额	1	3783185.84	0.00	0.00	0.00
	其中：应税货物销售额	2	0.00	0.00	0.00	0.00
	应税劳务销售额	3	0.00	0.00	0.00	0.00
	纳税检查调整的销售额	4	0.00	0.00	0.00	0.00
	（二）按简易办法计税销售额	5	0.00	0.00	0.00	0.00
	其中：纳税检查调整的销售额	6	0.00	0.00	0.00	0.00
	（三）免、抵、退办法出口销售额	7	0.00	0.00	—	—
	（四）免税销售额	8	0.00	0.00	—	—
	其中：免税货物销售额	9	0.00	0.00	—	—
	免税劳务销售额	10	0.00	0.00	—	—
	销项税额	11	491814.16	0.00	0.00	0.00
	进项税额	12	321318.58	0.00	0.00	0.00
	上期留抵税额	13	0.00	0.00	0.00	—
	进项税额转出	14	0.00	0.00	0.00	0.00
	免、抵、退应退税额	15	0.00	0.00	—	—
	按适用税率计算的纳税检查应补缴税额	16	0.00	0.00	—	—

保证增值税一般纳税人申报表的各表都已经填写完毕后，点击“申报”，之后等待税务局审核。

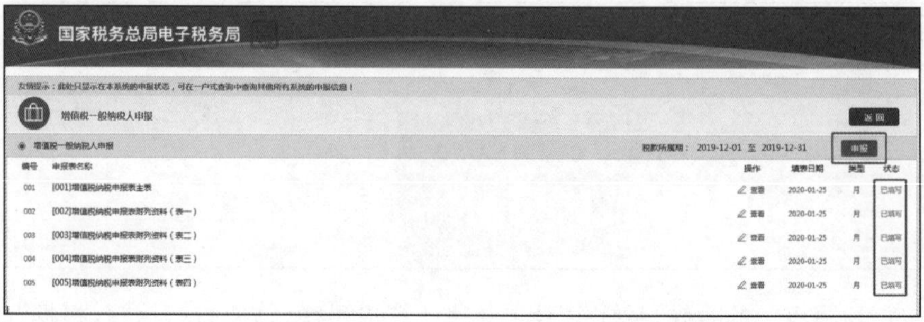

编号	申报表名称	操作	填表日期	类型	状态
001	[001]增值税纳税申报表主表	查看	2020-01-25	月	已填写
002	[002]增值税纳税申报表附列资料（表一）	查看	2020-01-25	月	已填写
003	[003]增值税纳税申报表附列资料（表二）	查看	2020-01-25	月	已填写
004	[004]增值税纳税申报表附列资料（表三）	查看	2020-01-25	月	已填写
005	[005]增值税纳税申报表附列资料（表四）	查看	2020-01-25	月	已填写

税务局税务专员登录国家税务总局电子税务局对企业申报的增值税进行审核。

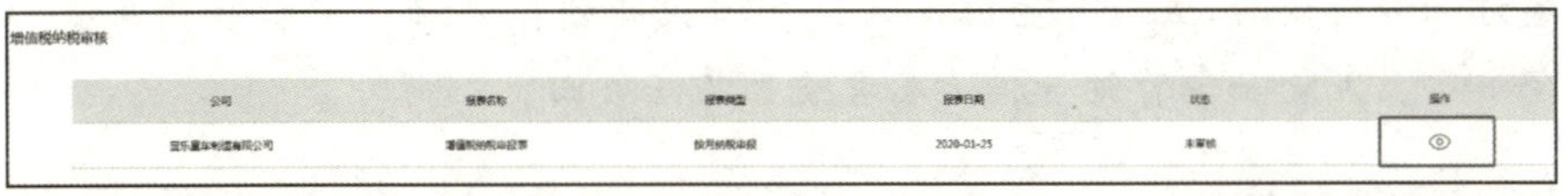

（二）增值税缴纳系统操作

企业财务人员登录国家税务总局电子税务局，确认了申报状态为“已审核”之后，点击扣款，最后申报状态变为“申报成功”。

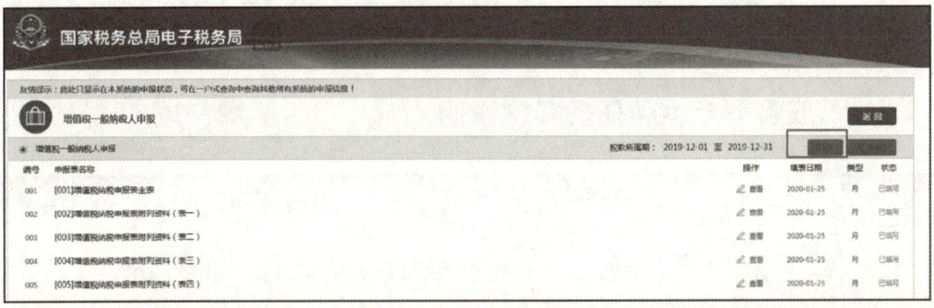

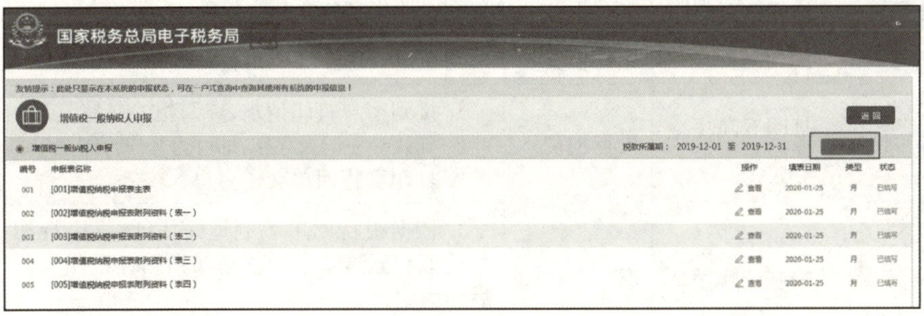

任务七　扣缴五险一金

任务背景

五险一金是用人单位给予劳动者的几种保障性待遇的合称，包括养老保险、医疗保险、失业保险、工伤保险和生育保险，以及住房公积金。

社会保障与社会主义核心价值观

五险一金是员工的劳动保障，由企业和个人共同缴纳。企业为员工缴纳五险一金是单位的义务，代扣代缴个人应该缴纳部分的也是企业的义务。签订三方协议后，五险一金由银行自行扣款并划拨到社保中心和住房公积金中心。五险一金背景资料请参考项目四任务四。

任务目标

1. 了解五险一金缴纳流程。
2. 熟悉五险一金缴纳涉及单据填写。

知识解析

一、五险一金缴纳流程

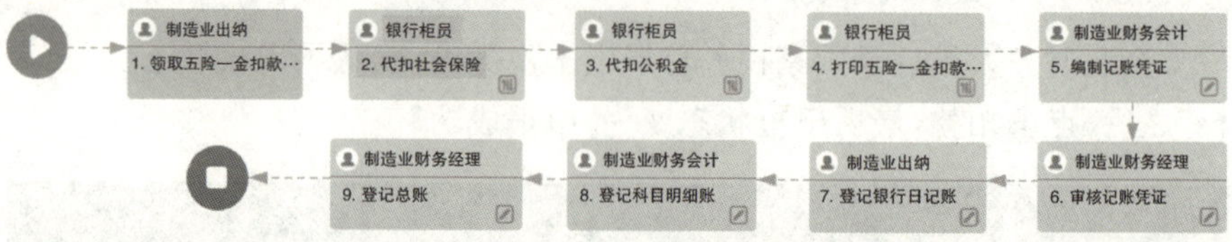

二、五险一金缴纳任务实施说明

编号	名　称	执行角色	作业流程说明
1	领取五险一金扣款回单	出纳	到银行取五险一金银行扣款回单
2	代扣社会保险	银行柜员	为企业代理扣缴社会保险
3	代扣公积金	银行柜员	为企业代理扣缴公积金
4	打印五险一金扣款回单	银行柜员	1. 接到客户打印请求，查询相关交易记录； 2. 确认交易记录存在，即可为客户打印回单； 3. 打印后将回单交于客户
5	编制记账凭证	财务会计	1. 依据银行回单填制记账凭证，将银行扣款凭证和五险一金扣款通知粘贴在记账凭证后作为附件； 2. 将记账凭证传递给财务经理审核
6	审核记账凭证	财务部经理	1. 接收财务会计送来的记账凭证； 2. 审核记账凭证； 3. 审核无误，在记账凭证上签字或盖章，并将记账凭证交给出纳登记日记账
7	登记银行日记账	出纳	1. 接收财务部经理交给的审核后的记账凭证； 2. 根据记账凭证登记银行存款日记账； 3. 记账后在记账凭证上签字或盖章； 4. 将记账凭证交财务会计登记科目明细账

续 表

编号	名 称	执行角色	作业流程说明
8	登记科目明细账	财务会计	1. 接收出纳交给的记账凭证； 2. 根据记账凭证登记科目明细账，并在记账凭证上签字或盖章
9	登记总账	财务经理	1. 接收财务会计交给的记账凭证； 2. 根据记账凭证登记科目总账，并在记账凭证上签字或盖章

三、五险一金缴纳流程涉及单据填写样例与系统操作

（一）五险一金缴纳系统操作

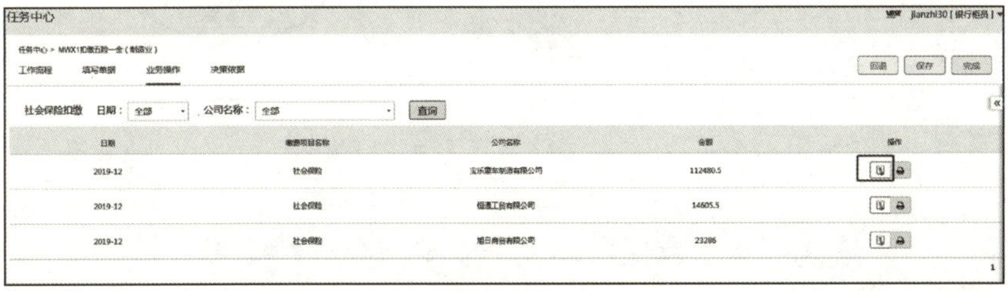

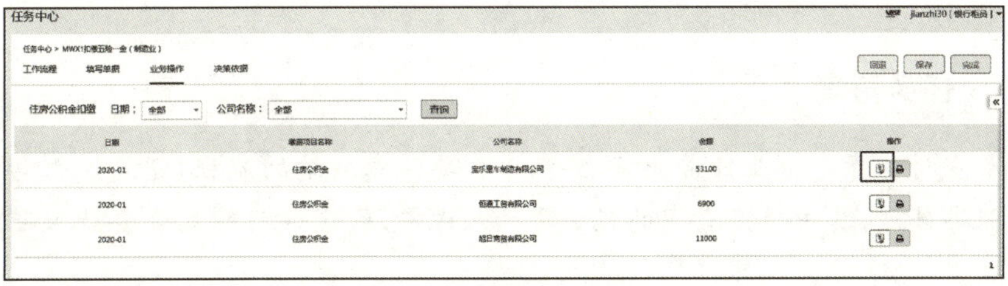

五险一金由银行自行扣款。实训中，企业的五险一金的缴纳由银行柜员登录业务系统，点击社会保险、住房公积金缴纳操作按钮进行扣缴。

（二）银行回单

ICBC 中国工商银行 业务回单（付款）

入账日期： 2020/1/5 回单编号：1028376310
付款人户名： 好佳童车制造有限公司
付款人账号： 0100229999333823
付款人开户行/发报行：中国工商银行北京分行
收款人户名： 北京市海淀区社保管理中心
收款人账号： 0100229999000009940
收款人开户行 中国工商银行北京分行
币种： 人民币 金额（小写） ¥112480.50
金额（大写）：壹拾壹万贰仟肆佰捌拾元伍角整
凭证种类： 凭证号码：
业务（产品）种类： 代扣五险 摘要： 代扣五险
附言：
支付交易序号：10247912 报文种类：00100 汇兑报文
委托日期： 2020/1/5 业务种类：转账
收款人地址：
付款人地址：

中国工商银行股份有限公司北京分行 2020.01.05 核算用章（04）

打印次数： 1 次 机打回单注意重复 打印日期：2020/1/5 打印柜员：22347

ICBC 中国工商银行　业务回单（付款）

入账日期：　2020-01-05	回单编号：1028376325
付款人户名：　好佳童车制造有限公司	
付款人账号：　0100229999333823	
付款人开户行/发报行：中国工商银行北京分行	
收款人户名：　北京市海淀区公积金管理中心	
收款人账号：　01002299990009941	
收款人开户行　中国工商银行北京分行	
币种：　人民币	金额（小写）￥53100.00
金额（大写）：伍万叁仟壹佰元整	
凭证种类：	凭证号码：
业务（产品）种类：　代扣公积金	摘要：　代扣公积金
附言：	
支付交易序号：10247917	报文种类：00100 汇兑报文
委托日期：　2020/1/5	业务种类：转账
收款人地址：	
付款人地址：	
打印次数：　1　次　机打回单注意重复	打印日期：2020/1/5　打印柜员：22347

中国工商银行股份有限公司北京分行 2020.01.05 核算用章（04） 廖谷雨

任务八　制造业支付电费、计提折旧

任务背景

辉煌的中国电力发展史

支付电费是企业日常业务之一，不但要注意缴纳的流程，还要注意电费的账务处理，其中生产车间的耗费要计入成本，管理部门的耗费要计入期间损益。

企业在生产经营过程中使用固定资产而使其损耗导致价值减少仅余一定残值，其原值与残值之差在其使用年限内分摊，是固定资产折旧。期末财务人员需要按照会计制度中确定固定资产折旧方法计算生产部门和企业管理部门的折旧。本实训中，固定资产折旧按照直线法计提，生产计划部的固定资产折旧计入生产成本，其他部门的折旧计入期间费用。

背景资料：

(1) 制造业电费收费标准为 1.5 元/度，一个普通机床耗电 1 478.4 度/月，一条组装流水线耗电 4 329.6 度/月，数控机床耗电 2 640 度/月，生产计划部用电量为 200 度/月。照明用电数量较少，忽略不计。固定经营阶段，制造业有 10 个普通机床、1 条组装流水线。

(2) 固定资产均通过购买的方式取得，固定资产购买当月不计提折旧，从次月开始计提折旧；出售当期须计提折旧，下月不提折旧。固定资产折旧按照直线法计提。固定资产折旧明细如下：

资产编号	资产名称	使用部门	使用状态	使用年限（月）	开始使用日期	已计提月份	资产原值	残　值	累计折旧	月折旧额	资产净值
0100001	办公大楼	企管部	在用	240	2018－09－15	15	12 000 000.00	600 000.00	712 500.00	47 500.00	11 287 500.00
0100002	普通仓库	仓储部	在用	240	2018－09－15	15	5 400 000.00	270 000.00	320 625.00	21 375.00	5 079 375.00
0100003	大厂房	生产计划部	在用	240	2018－09－15	15	7 200 000.00	360 000.00	427 500.00	28 500.00	6 772 500.00
0200001	普通机床(机加生产线)	生产计划部	在用	120	2018－09－15	15	210 000.00	—	26 250.00	1 750.00	183 750.00
0200002	普通机床(机加生产线)	生产计划部	在用	120	2018－09－15	15	210 000.00	—	26 250.00	1 750.00	183 750.00
0200003	普通机床(机加生产线)	生产计划部	在用	120	2018－09－15	15	210 000.00	—	26 250.00	1 750.00	183 750.00
0200004	普通机床(机加生产线)	生产计划部	在用	120	2018－09－15	15	210 000.00	—	26 250.00	1 750.00	183 750.00
0200005	普通机床(机加生产线)	生产计划部	在用	120	2018－09－15	15	210 000.00	—	26 250.00	1 750.00	183 750.00
0200006	普通机床(机加生产线)	生产计划部	在用	120	2018－09－15	15	210 000.00	—	26 250.00	1 750.00	183 750.00
0200007	普通机床(机加生产线)	生产计划部	在用	120	2018－09－15	15	210 000.00	—	26 250.00	1 750.00	183 750.00
0200008	普通机床(机加生产线)	生产计划部	在用	120	2018－09－15	15	210 000.00	—	26 250.00	1 750.00	183 750.00
0200009	普通机床(机加生产线)	生产计划部	在用	120	2018－09－15	15	210 000.00	—	26 250.00	1 750.00	183 750.00
0200010	普通机床(机加生产线)	生产计划部	在用	120	2018－09－15	15	210 000.00	—	26 250.00	1 750.00	183 750.00
0200011	组装生产线	生产计划部	在用	120	2018－09－15	15	510 000.00	—	63 750.00	4 250.00	446 250.00
0300001	笔记本电脑	企管部	在用	48	2018－09－15	15	6 000.00	—	1 875.00	125.00	4 125.00
0300002	笔记本电脑	人事部	在用	48	2018－09－15	15	6 000.00	—	1 875.00	125.00	4 125.00
0300003	笔记本电脑	财务部	在用	48	2018－09－15	15	6 000.00	—	1 875.00	125.00	4 125.00

续 表

资产编号	资产名称	使用部门	使用状态	使用年限（月）	开始使用日期	已计提月份	资产原值	残 值	累计折旧	月折旧额	资产净值
0300004	笔记本电脑	采购部	在用	48	2018－09－15	15	6 000.00	—	1 875.00	125.00	4 125.00
0300005	笔记本电脑	销售部	在用	48	2018－09－15	15	6 000.00	—	1 875.00	125.00	4 125.00
0300006	笔记本电脑	仓储部	在用	48	2018－09－15	15	6 000.00	—	1 875.00	125.00	4 125.00
0300007	笔记本电脑	生产计划部	在用	48	2018－09－15	15	6 000.00	—	1 875.00	125.00	4 125.00
0300008	台式电脑	财务部	在用	48	2018－09－15	15	4 800.00	—	1 500.00	100.00	3 300.00
0300009	台式电脑	财务部	在用	48	2018－09－15	15	4 800.00	—	1 500.00	100.00	3 300.00
0300010	台式电脑	企管部	在用	48	2018－09－15	15	4 800.00	—	1 500.00	100.00	3 300.00
0300011	台式电脑	人事部	在用	48	2018－09－15	15	4 800.00	—	1 500.00	100.00	3 300.00
0300012	台式电脑	财务部	在用	48	2018－09－15	15	4 800.00	—	1 500.00	100.00	3 300.00
0300013	台式电脑	采购部	在用	48	2018－09－15	15	4 800.00	—	1 500.00	100.00	3 300.00
0300014	台式电脑	销售部	在用	48	2018－09－15	15	4 800.00	—	1 500.00	100.00	3 300.00
0300015	台式电脑	销售部	在用	48	2018－09－15	15	4 800.00	—	1 500.00	100.00	3 300.00
0300016	台式电脑	仓储部	在用	48	2018－09－15	15	4 800.00	—	1 500.00	100.00	3 300.00
0300017	台式电脑	生产计划部	在用	48	2018－09－15	15	4 800.00	—	1 500.00	100.00	3 300.00
0300018	台式电脑	生产计划部	在用	48	2018－09－15	15	4 800.00	—	1 500.00	100.00	3 300.00
0300019	打印复印一体机	企管部	在用	48	2018－09－15	15	24 000.00	—	7 500.00	500.00	16 500.00
合 计	—	—	—	—	—	—	27 328 800.00	1 230 000.00	1 824 000.00	121 600.00	25 504 800.00

任务目标

1. 了解支付电费流程。
2. 了解计提固定资产折旧流程。

知识解析

一、制造业支付电费、计提折旧流程

（一）支付电费流程

1. 报送车间电费并收到服务公司的发票

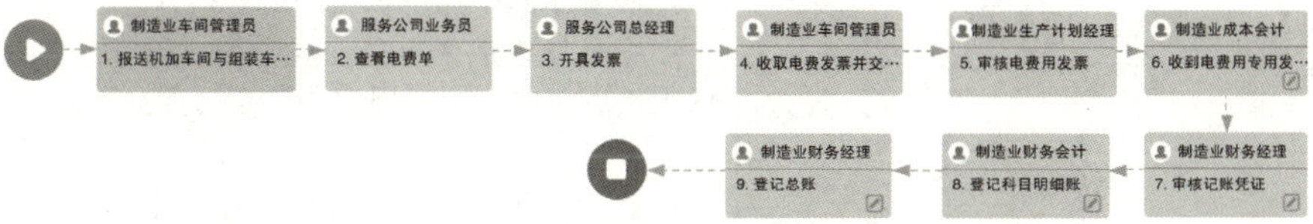

2. 支付车间电费

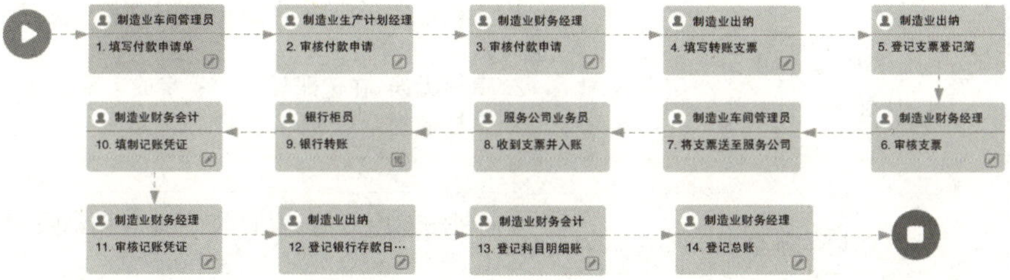

（二）计提固定资产折旧流程

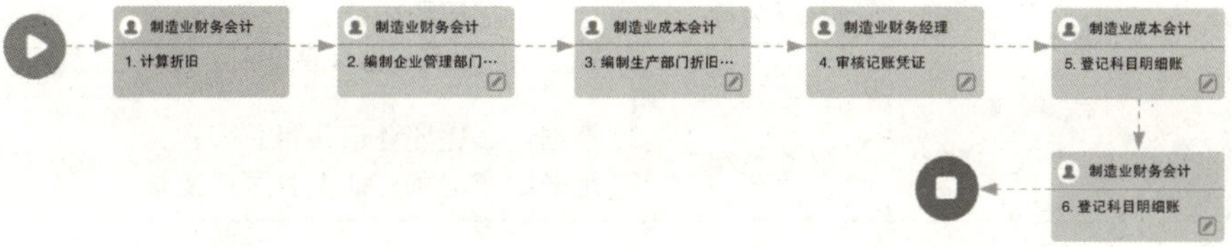

二、制造业支付电费、计提折旧任务实施说明

（一）支付电费任务实施说明

（1）报送车间电费并收到服务公司的发票。

编　号	名　称	执行角色	作业流程说明
1	报送机加车间与组装车间电费给综合服务公司	车间管理员	1. 统计报送机加车间与组装车间电费，填写“水电缴费单”； 2. 将报送机加车间与组装车间电费送交给服务公司

续 表

编 号	名 称	执行角色	作业流程说明
2	查看电费单	服务公司业务员	1. 收到企业提交的“水电缴费单”，核准单据； 2. 通知企业找服务公司总经理领取发票
3	开具发票	服务公司总经理	1. 与业务员确定服务金额； 2. 根据金额为经销商开具发票
4	收取电费发票并交经理审核	车间管理员	1. 从服务公司收取电费专用发票并登记备案，即将发票信息登记到发票记录表上（发票号、开票单位、金额、日期、到期日等）； 2. 确认发票信息无误； 3. 将发票提交给生产计划经理审核
5	审核电费用发票	生产计划经理	1. 收到车间管理员提交的电费用发票； 2. 审核发票是否与合同规定的金额一致，确认无误后将电费用专用发票送至财务会计处
6	收到电费用专用发票并记账	成本会计	1. 收到生产计划经理的电费用专用发票； 2. 根据电费用专用发票填制记账凭证
7	审核记账凭证	财务经理	1. 审核记账凭证并对照相关附件检查是否正确； 2. 审核无误，在记账凭证上签字或盖章； 3. 审核通过后交成本会计登记数量金额明细账
8	登记数量金额明细账	成本会计	1. 根据记账凭证登记填写数量金额明细账； 2. 记账后在记账凭证上签字或盖章； 3. 将记账凭证交财务会计登记科目明细账
8	登记科目明细账	财务会计	1. 根据记账凭证登记科目明细账； 2. 记账后在记账凭证上签字或盖章； 3. 登记完成后将记账凭证交财务经理登记总账
9	登记总账	财务经理	1. 根据记账凭证登记科目总账； 2. 记账后在记账凭证上签字或盖章

（2）支付车间电费。

编 号	名 称	执行角色	作业流程说明
1	填写付款申请单	车间管理员	1. 查看发票记录表，登记未支付的发票信息； 2. 对照发票记录表上的未支付发票信息填写付款申请单； 3. 将付款申请提交给生产计划经理审核
2	审核付款申请	生产计划经理	1. 审核付款申请单和发票金额是否一致，确认无误后在付款申请上签字； 2. 将付款申请交车间管理员传递给财务经理审核

续　表

编　号	名　称	执行角色	作业流程说明
3	审核付款申请	财务经理	1. 审核付款申请单，确认无误后在申请单上签字； 2. 将付款申请交还给出纳人员安排付款
4	填写转账支票	出纳	1. 收到财务经理转交的批复后的付款申请单； 2. 确认后对照付款申请单金额开具转账支票
5	登记支票登记簿	出纳	1. 出纳登记支票登记簿，支票领用人签字； 2. 将支票正联交给财务经理审核，盖章
6	审核支票	财务经理	1. 审核支票填写的是否正确； 2. 确认无误，签字，加盖公司财务章和法人章； 3. 将支票正联交给车间管理员
7	将支票送至服务公司	车间管理员	1. 登记在支票登记簿上； 2. 将支票交给服务公司完成支付
8	收到支票并入账	服务公司业务员	1. 收到制造企业支付电费的转账支票； 2. 根据转账支票填写进账单； 3. 携带转账支票与进账单到银行进行转账
9	银行转账	银行柜员	1. 收到企业提交的进账单与支票； 2. 根据进账单信息办理转账业务； 3. 根据办理的转账业务，打印银行业务回单； 4. 通知企业到银行领取回单
10	填制记账凭证	财务会计	1. 到银行领取业务回单； 2. 根据审核的付款申请单和支票存根填制记账凭证； 3. 将支票存根和付款申请单粘贴在记账凭证后作为附件； 4. 将记账凭证传递给财务经理审核
11	审核记账凭证	财务经理	1. 审核财务会计填制的记账凭证并对照相关附件检查是否正确； 2. 审核无误，在记账凭证上签字或盖章； 3. 将审核后的记账凭证传递给出纳
12	登记银行存款日记账	出纳	1. 根据记账凭证登记银行存款日记账； 2. 记账后在记账凭证上签字或盖章； 3. 将记账凭证传递给财务会计
13	登记科目明细账	财务会计	1. 接收出纳交还的记账凭证； 2. 根据记账凭证登记科目明细账； 3. 记账后在记账凭证上签字或盖章； 4. 将记账凭证传递给财务经理
14	登记总账	财务经理	1. 接收财务会计交给的记账凭证； 2. 根据记账凭证登记科目总账； 3. 记账后在记账凭证上签字或盖章

三、计提固定资产折旧任务实施说明

编号	名　称	执行角色	作业流程说明
1	计算折旧	财务会计	1. 根据固定资产政策及固定资产明细账计提折旧； 2. 填写企业管理部门固定资产折旧计算表、生产部门固定资产折旧计算表
2	编制企业管理部门折旧记账凭证	财务会计	1. 根据企业管理部门固定资产折旧计算表填写管理部门折旧记账凭证； 2. 将生产部门固定资产折旧计算表交成本会计填制凭证； 3. 交财务经理审核记账凭证
3	编制生产部门折旧记账凭证	成本会计	1. 接收财务会计提供的生产部门固定资产折旧计算表，并据以填写生产部门折旧记账凭证； 2. 交财务部经理审核记账凭证
4	审核记账凭证	财务经理	1. 接收财务会计、成本会计交给的记账凭证，进行审核； 2. 审核无误，在记账凭证上签字或盖章； 3. 审核后登记总分类账，并将记账凭证分别返还财务会计和成本会计
5	登记科目明细账	成本会计	1. 接收财务部经理已审核的记账凭证； 2. 登记制造费用明细账； 3. 登记完明细账后，将记账凭证交财务会计
6	登记科目明细账	财务会计	1. 接收财务经理已审核的记账凭证； 2. 登记管理费用明细账； 3. 根据管理部门折旧记账凭证和生产部门折旧记账凭证登记累计折旧明细账； 4. 登记完明细账后，与其他记账凭证放在一起

四、制造业支付电费、计提折旧流程涉及单据填写样例

（一）支付电费流程涉及单据填写样例

1. 电费缴费单

电费缴费单

缴费部门：　　　组装车间

编　号	20200120002	日　期	2020－01－25	缴费期间	202001	
户名	好佳童车制造有限公司	户号	11012011	收款机构	融通综合服务有限公司	
收费项目		使用量		单位	单价(元)	金额(元)
电		4 329.60		度	1.50	6 494.40
合计人民币(大写)		⊗陆仟肆佰玖拾肆元肆角零分			总金额	￥6 494.40

抄表人：李×

电费缴费单

缴费部门：　　　机加车间

编号	20200120001	日期	2020-01-25	缴费期间	202001
户名	好佳童车制造有限公司	户号	11012011	收款机构	融通综合服务有限公司
收费项目		使用量	单位	单价(元)	金额(元)
电		14 784	度	1.50	22 176.00
合计人民币(大写)		⊗贰万贰仟壹佰柒拾陆元整		总金额	¥22 176.00

抄表人:李×

电费缴费单

缴费部门：　　　生产管理部

编号	20200120003	日期	2020-01-25	缴费期间	202001
户名	好佳童车制造有限公司	户号	11012011	收款机构	融通综合服务有限公司
收费项目		使用量	单位	单价(元)	金额(元)
电		200	度	1.50	300.00
合计人民币(大写)		⊗叁佰元整		总金额	¥300.00

抄表人:李×

2. 制造业收到服务公司开具的电费发票

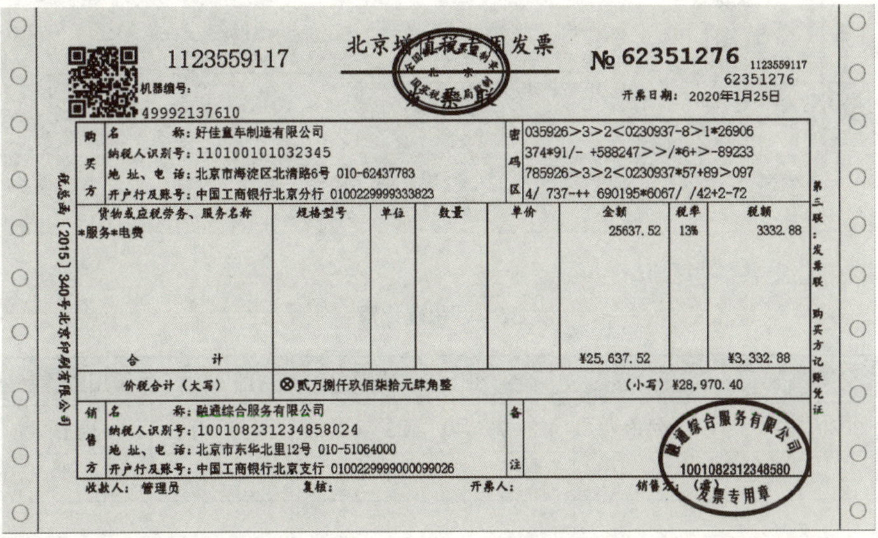
北京增值税专用发票

1123559117　　№ 62351276　1123559117　62351276

机器编号：499921376l0

开票日期：2020年1月25日

购买方　名　称：好佳童车制造有限公司
纳税人识别号：110100101032345
地址、电话：北京市海淀区北清路6号 010-62437783
开户行及账号：中国工商银行北京分行 0100229999333823

密码区　035926>3>2<0230937-8>1*26906
374*91/- +588247>>/*6+>-89233
785926>3>2<0230937*57+89>097
4/ 737-++ 690195*6067/ /42+2-72

货物或应税劳务、服务名称	规格型号	单位	数量	单价	金额	税率	税额
*服务*电费					25637.52	13%	3332.88
合　计					¥25,637.52		¥3,332.88
价税合计（大写）	⊗贰万捌仟玖佰柒拾元肆角整				（小写）¥28,970.40		

销售方　名　称：融通综合服务有限公司
纳税人识别号：100108231234858024
地址、电话：北京市东华北里12号 010-51064000
开户行及账号：中国工商银行北京支行 0100229999000099026

备注

收款人：管理员　　复核：　　开票人：　　销售方：（章）

融通综合服务有限公司 100108231234858O 发票专用章

第三联：发票联　购买方记账凭证

税总函〔2015〕340号北京印刷有限公司

北京增值税专用发票

1123559117　　№ 62351276　　1123559117 62351276

机器编号：499921376l0　　开票日期：2020年1月25日

购买方	名　　称：好佳童车制造有限公司 纳税人识别号：110100101032345 地　址、电　话：北京市海淀区北清路6号 010-62437763 开户行及账号：中国工商银行北京分行 0100229999333823			密码区	035926>3>2<0230937-8>1*26906 374*91/- +588247>>/*6+>-89233 785926>3>2<0230937*57+89>097 4/ 737-++ 690195*6067/ /42+2-72		
货物或应税劳务、服务名称	规格型号	单位	数量	单价	金额	税率	税额
*服务*电费					25637.52	13%	3332.88
合　计					¥25,637.52		¥3,332.88
价税合计（大写）	⊗贰万捌仟玖佰柒拾元肆角整				（小写）¥28,970.40		
销售方	名　　称：融通综合服务有限公司 纳税人识别号：100108231234858024 地　址、电　话：北京市东华北里12号 010-51064000 开户行及账号：中国工商银行北京支行 0100229999000099026			备注			

收款人：管理员　　复核：　　开票人：　　销售方：（章）

税总函〔2015〕340号北京印刷有限公司

第二联：抵扣联　购买方扣税凭证

融通综合服务有限公司 100108231234858O 发票专用章

3. 制造业收到服务公司电费发票填制的记账凭证

记账凭证

2020年1月25日　　记字　第023号

摘要	总账科目	明细账科目	借方金额	贷方金额	√
收到电费发票	制造费用	动力费	265.48		
	生产成本	制造费用（经济车架）	19624.78		
	生产成本	制造费用（经济型童车）	5747.26		
	应交税费	应交增值税（进项税额）	3332.88		
	应付账款	融通服务		28970.40	
	合计		¥28,970.40	¥28,970.40	

附件 1 张

财务主管　　记账　　出纳　　审核　　制单

4. 转账支票

中国工商银行
转账支票存根
19790935
支票号码NoXI30202021
科　目 银行存款
对方科目 应收账款
签发日期 2020 年 01 月 25 日
收款人：融通综合服务有限公司
金　额：¥28790.40
用　途：支付电费
备　注：
单位主管　　会计
复　核　　记账

中国工商银行　转账支票　19790935
支票号码No XI30202021
出票日期（大写）贰零贰零年 零壹 月贰拾伍 日　　付款行名称：中国工商银行北京市支行
收款人：融通综合服务有限公司　　出票人账号：0100229999000099026
人民币（大写）贰万捌仟玖佰柒拾肆角零分　　千百十万千百十元角分 ¥2897040
本支票付款期限十天
用途：支付电费
出票人签章　　复核　　记账
好佳童车制造有限公司 财务专用章　　梁天印

教学专用

5. 支票领用登记簿

支票领用登记簿

日　期	用　途	金　额	支票号	部　门	领用人签字
2020 - 01 - 25	支付电费	¥28 790.40	XI30202021	生产部门	周群

6. 付款申请单

付款申请单

新道教学专用 seentao

申请部门:	生产计划部	日期: 2020-01-25	
发票编号:	62351276		
收款单位:	融通综合服务公司		
单位地址:	北京市东华北里 12 号	付款方式	☑转账
开户行:	中国工商银行北京支行		□支票
账号:	0100229999000099026	已收发票	
用途:	支付电费	☑是	□否
金额(大写):	贰万捌仟柒佰玖拾元肆角零分	¥28790.40	
经办人签字:	周群	日期: 2020-01-25	
财务主管意见:	钱坤	日期: 2020-01-25	
总经理意见:	梁天	日期: 2020-01-25	
备注:			

新道科技股份有限公司　网址: www.seentao.com　编码: DJ0215

(二) 计提固定资产折旧流程涉及单据填写样例

1. 固定资产折旧按科目分类

资产编号	资产名称	使用部门	月折旧额（元）	小计（元）	折旧科目
200011	组装生产线	生产计划部	4 250.00	21 750.00	制造费用—组装
200001	普通机床(机加生产线)	生产计划部	1 750.00		制造费用—机加
200002	普通机床(机加生产线)	生产计划部	1 750.00		制造费用—机加
200003	普通机床(机加生产线)	生产计划部	1 750.00		制造费用—机加
200004	普通机床(机加生产线)	生产计划部	1 750.00		制造费用—机加
200005	普通机床(机加生产线)	生产计划部	1 750.00		制造费用—机加
200006	普通机床(机加生产线)	生产计划部	1 750.00		制造费用—机加
200007	普通机床(机加生产线)	生产计划部	1 750.00		制造费用—机加
200008	普通机床(机加生产线)	生产计划部	1 750.00		制造费用—机加
200009	普通机床(机加生产线)	生产计划部	1 750.00		制造费用—机加
200010	普通机床(机加生产线)	生产计划部	1 750.00		制造费用—机加
100003	大厂房	生产计划部	28 500.00	28 825.00	制造费用
300007	笔记本电脑	生产计划部	125.00		制造费用
300017	台式电脑	生产计划部	100.00		制造费用
300018	台式电脑	生产计划部	100.00		制造费用
300005	笔记本电脑	销售部	125.00	325.00	销售费用
300014	台式电脑	销售部	100.00		销售费用
300015	台式电脑	销售部	100.00		销售费用

续 表

资产编号	资产名称	使用部门	月折旧额（元）	小计（元）	折旧科目
100001	办公大楼	企管部	47 500.00		管理费用
100002	普通仓库	仓储部	21 375.00		管理费用
300001	笔记本电脑	企管部	125.00		管理费用
300002	笔记本电脑	人事部	125.00		管理费用
300003	笔记本电脑	财务部	125.00		管理费用
300004	笔记本电脑	采购部	125.00		管理费用
300006	笔记本电脑	仓储部	125.00		管理费用
300008	台式电脑	财务部	100.00	70 700.00	管理费用
300009	台式电脑	财务部	100.00		管理费用
300010	台式电脑	企管部	100.00		管理费用
300011	台式电脑	人事部	100.00		管理费用
300012	台式电脑	财务部	100.00		管理费用
300013	台式电脑	采购部	100.00		管理费用
300016	台式电脑	仓储部	100.00		管理费用
300019	打印复印一体机	企管部	500.00		管理费用
合 计	—	—	121 600.00	121 600.00	—

2. 制造企业计提折旧记账凭证

记账凭证

2020年1月25日　　记字　第 034号

摘要	总账科目	明细科目	借方金额	贷方金额	√
计提本月折旧	生产成本	制造费用（经济车架）	17500.00		
	生产成本	制造费用（经济型童车）	4250.00		
	制造费用	折旧	28825.00		
	销售费用		325.00		
	管理费用		70700.00		
	累计折旧			121600.00	
合计			¥121,600.00	¥121,600.00	

附件 1 张

财务主管　　记账　　出纳　　审核　　制单

任务九　制造业销售成本核算

任务背景

销售成本是指已销售产品的生产成本或已提供劳务的劳务成本以及其他销售的业务成本。销售成本包括主营业务成本和其他业务成本两部分，其中，主营业务成本是企业销售商品产品、半成品以及提供工业性劳务等业务所形成的成本；其他业务成本是企业销售材料、出租包装物、出租固定资产等业务所形成的成本。

对于主营业务成本，应以产品的销售数量或提供的劳务数量和产品的单位生产成本或单位劳务成本为基础进行确认，其计算公式为：

$$主营业务成本=\frac{产品销售数量}{或提供劳务数量}\times\frac{产品单位生产成本}{或单位劳务成本}$$

实训中，制造企业需要先计算出产品单位生产成本，再根据全月一次加权成本法计算出产品出库单价，最后根据本期产品销售数量计算销售成本。

背景资料：

1. 根据项目三任务一中全月一次加权成本法下计算的原材料出库单价如下：

原材料	钢　管	坐　垫	经济型童车包装套件	车　篷	车　轮
出库单价	108.17	82.85	92.47	146.72	29.03

2. 各车间发生的工人费用请参考项目四任务四、任务八。

3. 本期制造企业销售经济型童车数量为 5 900 辆。

任务目标

1. 了解销售成本核算业务流程。
2. 了解销售成本核算计算方法。

知识解析

一、制造业销售成本核算流程

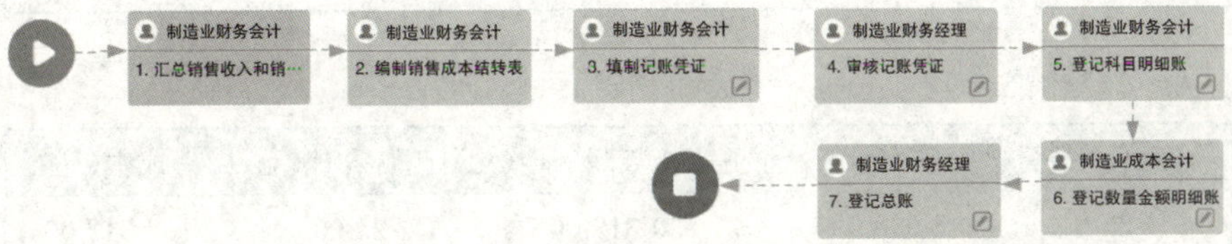

二、制造业销售成本核算任务实施说明

编号	名称	执行角色	作业流程说明
1	汇总销售收入和销售出库数量	财务会计	1. 根据销售出库单汇总销售出库数量； 2. 根据主营业务收入总账得出销售收入
2	编制销售成本结转表	财务会计	根据出库数量和库存商品成本金额采用全月一次加权平均法计算平均单价，编制销售成本结转表
3	填制记账凭证	出纳	1. 根据原始凭证及产成品出库单、销售成本结转表反映的业务内容，编制记账凭证； 2. 在记账凭证“制单”处签字或盖章； 3. 将记账凭证提交给财务经理
4	审核记账凭证	财务经理	1. 接收出纳提交的记账凭证并审核； 2. 审核无误，在记账凭证上签字或盖章； 3. 登记总分类账
5	登记科目明细账	财务会计	1. 根据记账凭证登记科目明细账； 2. 记账后在记账凭证上签字或盖章
6	登记数量金额明细账	成本会计	1. 根据记账凭证登记数量金额明细账； 2. 记账后在记账凭证上签字或盖章
7	登记总账	财务经理	1. 根据记账凭证登记总分类账； 2. 记账后在记账凭证上签字或盖章

固定经营阶段各组织财务核算过程

三、制造业销售成本核算过程

在本实训中，成本核算涉及的间接费用不计入半成品成本，只在产成品间分配。间接费用主要指车间管理部门折旧费、车间管理人员薪酬、车间管理部门电费。

（一）半成品成本核算过程

经济型童车车架完工数量为 4 800 辆。

1. 材料成本

材料名称	出库单价(元)	用量	标准用量(辆)	总成本(元)
钢管	108.17	2	4 800	1 038 432.00
坐垫	82.85	1	4 800	397 680.00
合 计				1 436 112.00

2. 人工成本

初级工人数量	工资(元)	企业承担五险一金(元)	工资合计(元)	总成本(元)
20	3 600.00	30 312.00	72 000.00	102 312.00

3. 制造费用

电费(含税)(元)	电费(元)	折旧费(元)	合计(元)
22 176.00	19 624.78	17 500.00	37 124.78

半成品成本＝料＋工＋费＝1 436 112＋102 312＋37 124.78

＝1 575 548.78(元)

单位成本＝半成品成本÷完工数量＝1 575 548.78÷4 800

＝328.24(元)

328.24 元也为入库单位成本。

根据全月一次加权成本法计算出半成本单价为 337.77 元，并编制经济型童车车架库存台账。

库存台账

物料名称：经济型童车车架　　规格　　最高库存
物料编号：M0001　　存放仓库：普通仓库　　最低库存　　计量单位　辆
金额单位：元

2019年		凭证号数	摘要	入库			出库			结存		
月	日			数量	单价	金额	数量	单价	金额	数量	单价	金额
1	5		上期结转							5 400	346.24	1 869 696.00
1	5		生产出库				4 800	337.77	1 621 296.00	600		
1	25		完工入库	4 800	328.24	1 575 548.78				5 400		
1	25		生产出库				4 800	337.77	1 621 296.00	600		202 652.78
合计												

全月一次平均成本＝337.769 1 元。

记账凭证

2020年1月25日　　记字　第 037号

摘要	总账科目	明细科目	借方金额	贷方金额	√
经济车架完工入库	自制半成品	经济车架	1,575,548.78		
	生产成本	直接材料（经济车架）		1,436,112.00	
	生产成本	直接人工(经济车架)		102,312.00	
	生产成本	制造费用（经济车架）		37,124.78	
合计			¥1,575,548.78	¥1,575,548.78	

附件1张

财务主管　　记账　　出纳　　审核　　制单

(二) 产成品成本核算

经济型童车完工数量为 4 800(辆)。

1. 材料成本

材料名称	成本价格（元）	用量	标准用量（辆）	总成本（元）
经济型童车车架	337.77	1	4 800	1 621 296.00
经济型童车包装套件	92.47	1	4 800	443 856.00
车篷	146.72	1	4 800	704 256.00
车轮	29.03	4	4 800	557 376.00
合　计				3 326 784.00

2. 人工成本

工人数量		企业承担五险一金（元）	工资合计（元）	总成本（元）
初级工人数量	中级工人数量			
5		7 578.00	18 000.00	25 578.00
	15	25 260.00	60 000.00	85 260.00
合　计				110 838.00

3. 间接费用

间接费用	金额（元）
车间管理部门折旧费	28 825.00
车间管理人员薪酬	26 288.50
车间管理部门电费	265.48
合　计	55 378.98

4. 制造费用

电费（含税）（元）	电费（元）	折旧费（元）	间接费用合计（元）	总合计（元）
6 494.40	5 747.26	4 250.00	55 378.98	65 376.24

间接费用只在产成品间分配，所以需要编制一个制造费用结转的记账凭证。

记账凭证

2020年1月25日　　记字　第 039号

摘要	总账科目	明细科目	借 方 金 额	贷 方 金 额	√
制造费用结转	生产成本	制造费用（经济型童车）	55,378.98		
	制造费用	工资		28,825.00	
	制造费用	折旧		26,288.50	
	制造费用	动力费		265.48	
合计			¥55,378.98	¥55,378.98	

附件 1 张

财务主管　　记账　　出纳　　审核　　制单

完工产品总成本＝料＋工＋费＝3 326 784.00＋110 838.00＋65 376.24

＝3 502 998.24(元)

完工产品单位成本＝完工产品总成本÷完工数量

＝3 502 998.24÷4 800＝729.79(元)

729.79 元也为入库单位成本。

根据全月一次加权成本法计算发出产成本单价为 744.10 元,并编制经济型童车库存台账。

库存台账

物料名称:经济型童车　　规格　　最高库存

物料编号:P0001　　存放仓库:普通仓库　最低库存　　计量单位:辆

金额单位:元

2019年		凭证号数	摘要	入库			出库			结存		
月	日			数量	单价	金额	数量	单价	金额	数量	单价	金额
1	5		上期结转							5 400	756.82	4 086 828.00
1	5		销售出库				1 200	744.10	892 920.00	4 200		
1	5		销售出库				1 200	744.10	892 920.00	3 000		
1	5		销售出库				1 200	744.10	892 920.00	1 800		
1	5		销售出库				1 200	744.10	892 920.00	600		
1	5		销售出库-连锁				300	744.10	223 230.00			
1	5		销售出库-国贸				300	744.10	223 230.00			
1	5		销售出库-招投标				500	744.10	372 050.00			
1	25		完工入库	4 800	729.79	3 502 998.24				5 400		4 018 146.24
合计									4 390 190.00			

全月一次平均成本＝744.100 6 元。

根据库存台账可以看出,出库总成本为 4 390 190 元。该数据也可根据发出产成本单价 744.10 元直接乘以产成本销售数量 5 900 辆得到。

记账凭证

2020年1月25日　　记字　第 040号

摘要	总账科目	明细科目	借方金额	贷方金额	√
经济童车完工入库	库存商品	经济型童车	3,502,998.24		
	生产成本	直接材料（经济型童车）		3,326,784.00	
	生产成本	直接人工(经济型童车)		110,838.00	
	生产成本	制造费用（经济型童车）		65,376.24	
合计			¥3,502,998.24	¥3,502,998.24	

附件1张

财务主管　记账　出纳　审核　制单

（三）销售经济型童车结转成本记账凭证

记账凭证

2020年1月25日　　　　记字　第 043号

摘要	总账科目	明细科目	借方金额	贷方金额	√
经济童车结转成本	主营业务成本		4,390,190.00		
	库存商品	经济型童车		4,390,190.00	
合计			¥4,390,190.00	¥4,390,190.00	

附件 2 张

财务主管　　记账　　出纳　　审核　　制单

项目五
自主经营

任务一　自主经营规则

任务背景

经过固定经营，参训学生应该掌握了组织业务内容、业务流程、业务规则，接下来实训进入自主经营阶段。在这个阶段，老师将不再推送任务，各组织需要在负责人的协调下，共同设定组织的经营目标、制作战略计划，并根据计划自主发起任务，模拟2～5个月的自主经营。在这个阶段，参训学生成为课堂的主人，充分发挥自身特质，学会工作、学会思考，从被动学习到主动学习，进一步培养全局意识，提升综合职业素养。

任务目标

1. 了解自主经营的规则。
2. 了解自主经营发起任务系统操作。

知识解析

自主经营阶段，企业数据将恢复到工作交接的状态，期初余额保持不变，日期切换到2021年1月5日，自主经营阶段遵循的规则与固定经营阶段略有不同。

一、自主经营的规则

（一）制造企业自主经营规则

（1）生产与派工：生产设备不支持混合生产，生产派工原料用量必须符合BOM要求，否则不能派工。

（2）研发与认证：舒适型、豪华型童车需投入研发费用，3C和ISO认证根据合同信息确认是否需要投入，无提前期。

（3）厂房设备：原有大厂房/仓库不允许出售，经营中只有小厂房/仓库，且没有租赁，只有采购。企业设备允许出售，经营中购买相应设备，无提前期，安装周期为：1 个虚拟日（即 5 号购买 25 日使用）。购买时注意厂房/仓库容量规则，设备与人员工种和数量的对应规则。

(4) 人力资源：根据生产下达的人员需求进行招聘和解聘，人员即招即用，无提前期。注意招聘和解聘费用支付规则。每月 25 号薪酬计提，下月 5 号薪酬发放。

(5) 原料采购：经营中从工贸企业线上线下签订采购合同即可，无提前期，即买即用，合同约定好结算条款并执行。

(6) 销售与市场：制造业只能与经销商、连锁、国贸签订销售合同，如直接销售给虚拟市场，只能先开拓中部市场，参加招投标并支付中标费用。合同约定好结算条款并执行。

(7) 物流运输：注意每笔采购均需要支付物流费，否则无法运输。运输合同每年签订一次，货物金额 5%为运费。

(8) 财务：每月 25 日计提折旧（当月新增资产不计提折旧），每月 25 日缴纳水电费，编制收发存汇总表核算物料成本，每月做好本月 25 号计提个税、增值税、社保、公积金和下月 5 号缴纳。

(9) 贸易规则：制造业间不允许组间交易。

(10) 同步性：一定要注意线上交互任务（快捷入口内所有任务）与线上的同步，确保线上交互任务的准确性与及时性。

（二）工贸企业自主经营规则

(1) 仓储：原有仓库不允许出售，经营中仓库没有租赁，只有采购，无提前期，购买时需注意仓库容量规则。

(2) 人力：基本不涉及人员招聘和解聘。每月做好本月 25 号薪酬计提和下月 5 号薪酬发放。

(3) 原料采购：经营中根据市场分析情况从虚拟市场按照已约定好的条款采购即可，合同约定好结算条款并执行。

(4) 销售与市场：经营中只能与制造业签订线上线下销售合同，不涉及广告与市场开拓。合同约定好结算条款并执行。

(5) 物流运输：不涉及。

(6) 财务：编制收发存汇总表，核算物料成本，每月做好本月 25 号计提个税、增值税、社保、公积金和下月 5 号缴纳、月末结账等。

(7) 贸易规则：工贸企业间不允许组间交易。

(8) 同步性：一定要注意线上交互任务（快捷入口内所有任务）与线上的同步，确保线上交互任务的准确性与及时性。

（三）商贸企业自主经营规则

(1) 仓储：原有仓库不允许出售，经营中仓库没有租赁，只有采购，无提前期，购买时注意仓库容量规则。

(2) 人力：基本不涉及人员招聘和解聘。每月做好本月 25 号薪酬计提和下月 5 号薪酬发放。

(3) 原料采购:经营中与制造业签订线上线下销售合同,合同约定好结算条款并执行。

(4) 销售与市场:经营中根据市场分析情况与虚拟市场签订线上线下销售合同,合同约定好结算条款并执行。经销商销售需要提前进行市场开拓(1 年 1 次)和广告投放(1 个虚拟日 1 次),否则无法取得订单。注意,广告投放额度决定着竞单选择的优先权。

(5) 物流运输:注意每笔采购均需要支付物流费,否则无法运输。运输合同每年签订一次,货物金额 5%为运费。

(6) 财务:编制收发存汇总表,核算物料成本,每月做好本月 25 号计提个税、增值税、社保、公积金和下月 5 号缴纳、月末结账等。

(7) 贸易规则:商贸企业间允许组间交易。

(8) 同步性:一定要注意线上交互任务(快捷入口内所有任务)与线上的同步,确保线上交互任务的准确性、与及时性。

(四) 连锁企业自主经营规则

(1) 原料采购:经营中只能与制造企业签订线上线下销售合同,合同约定好结算条款并执行。

(2) 销售与市场:经营中只能根据虚拟市场已有订单完成线上线下零售。不涉及市场开拓与广告投放。

(3) 物流运输:不涉及。

(4) 财务:每月 5 日、25 日将相关票据交由会计师事务所进行代理记账。

(五) 国贸企业自主经营规则

(1) 原料采购:经营中只能与制造企业签订线上线下销售合同,合同约定好结算条款并执行。

(2) 销售与市场:经营中只能根据虚拟市场已有订单完成海外销售。不涉及市场开拓与广告投放。

(3) 物流运输:不涉及。

(4) 财务:不涉及(教师如具有指导能力,可指导其交由会计师事务所进行外币核算相关的代理记账)

(六) 物流企业自主经营规则

(1) 运输费用:物流企业按照运输货物价税合计金额的 5%收取运费并开具发票。

(2) 运输合同:物流企业与其他企业签订运输合同,年限为一年。费用结算以运单为依据。

(3) 财务:每月 5 日、25 日将相关票据交由会计师事务所进行代理记账。

（七）社会资源机构自主经营规则

(1) 招投标：从主讲教师处获得中部虚拟市场的招标标的，发布招标公告并组织制造业执行招标。

(2) 服务公司：线上配合完成各企业的相关申请，收取费用并开具发票。每月催缴制造业水电费，需要记录付款人信息、摘要和金额。

(3) 会计师事务所：获取物流公司和连锁企业的期初和业务票据信息，进行代理记账，按月收取费用并开具发票。

(4) 银行：配合完成各企业的日常转账、税费、社保、公积金等任务，每月 25 日做好与企业间的对账工作。

(5) 其他机构：配合完成各企业予以申请的日常业务，并与其他社会资源机构合力完成整个社会资源服务工作。

其他规则参照固定经营阶段的经营规则并按照流程进行。需要虚拟供应市场提供的发票可由税务局代开，实训中所有企业均为一般纳税人。

二、自主经营发起任务系统操作

自主经营阶段，老师将不再推送任务，各组织需要在负责人的协调下，由各个部门根据业务需要发起任务。以制造企业财务会计岗位为例：

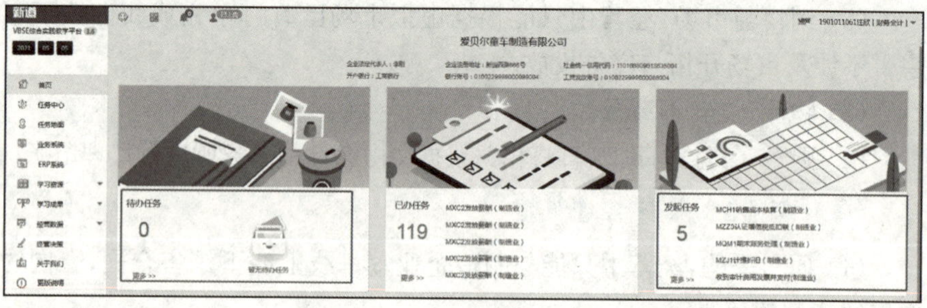

在 VBSE 操作首页，可以看到有待办任务、已办任务、发起任务区，对于制造企业财务会计岗位来说，发起任务一共有 5 项，点击开来，可以看到每一个任务名称。

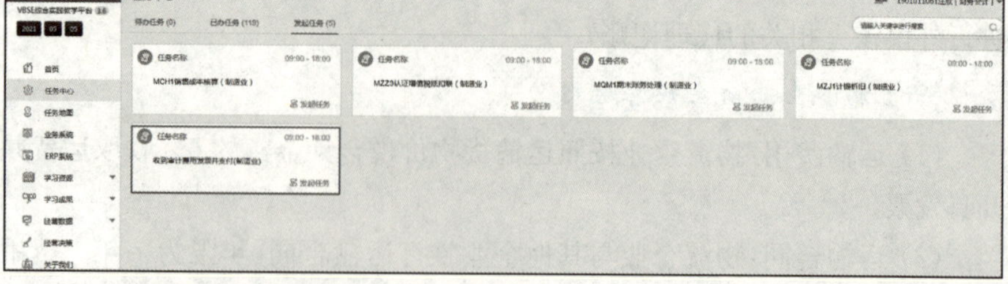

财务会计根据业务需要发起相关任务。

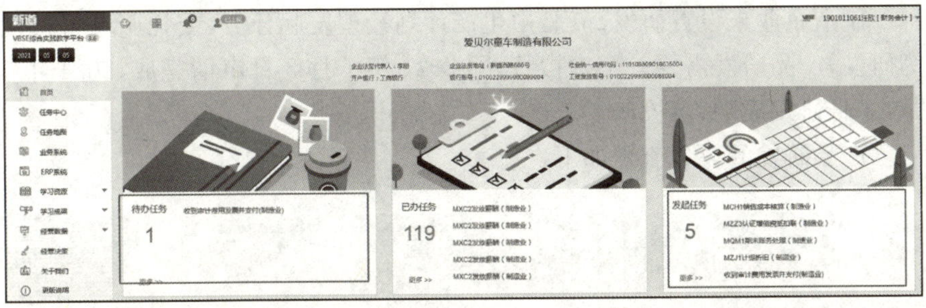

此时主界面待办任务中的任务数量变成了1，之后按照固定经营阶段业务操作方式一步步按照业务流程完成该项任务，完成之后，待办任务将会转为已办任务。自主经营中发起任务的数量不会改变，根据业务需要，发起任务中的所有任务均可以多次发起。

任务二　自主经营特有任务

任务背景

在自主经营阶段，除了固定经营阶段供、产、销，人、财、物的业务之外，还有属于自主经营阶段特有的业务。比如高端产品的研发、人员招聘、设备采购与销售等。

任务目标

1. 了解自主经营特殊任务内容。
2. 了解自主经营特殊任务操作流程。

知识解析

一、产品研发

在自主经营伊始，每家制造企业都只具备生产经济型童车的资质，若想生产舒适型童车或豪华型童车，必须完成相应产品的研发工作。

以创新促制造业化危为机

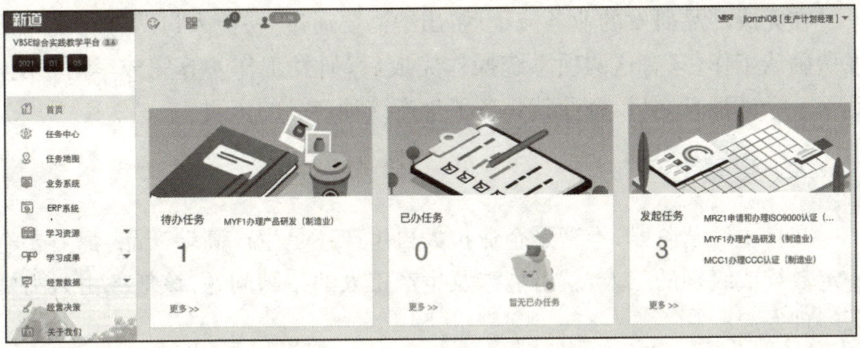

制造企业未设置研发部门，由生产计划经理发起任务，委托服务公司代为研发，产品研发需要一个虚拟日，即 2021 年 1 月 5 日申请完成，2021 年 1 月 25 日研发成功，可投产。

产品研发的业务流程如下：

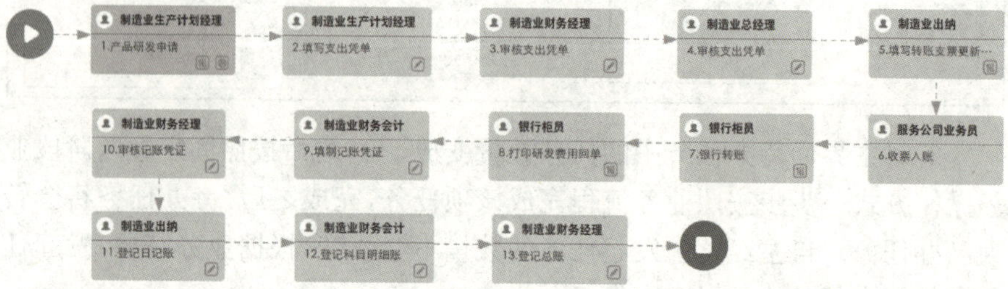

产品研发的系统操作，需要制造业生产计划经理在“业务操作”中进行产品研发申请。

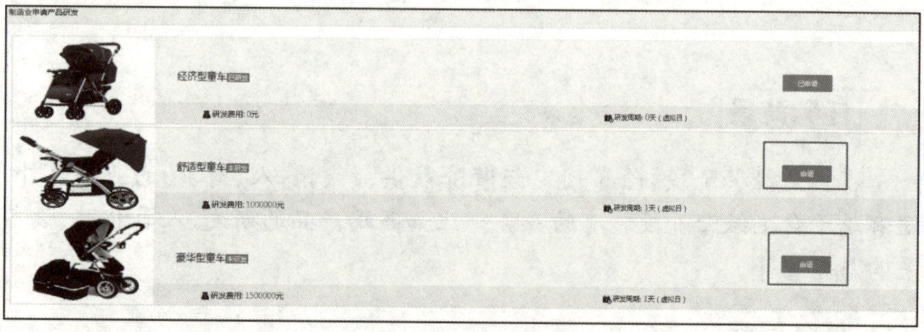

制造业可以研发舒适型童车，也可以研发豪华型童车，企业根据自己的战略计划在相应的产品类型后面点击“申请”按钮。

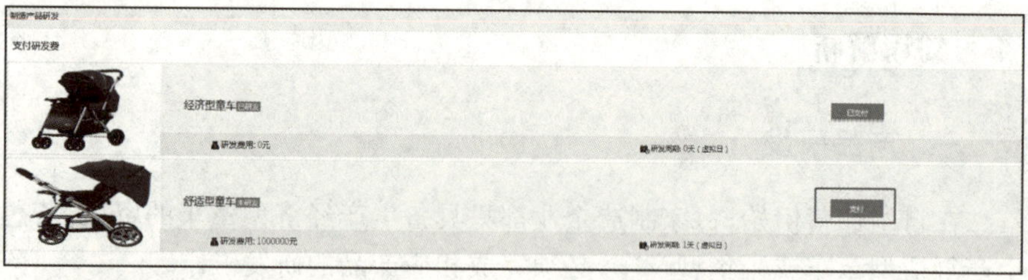

在完成产品研发的业务流程后，出纳需要通过“快捷入口”，进行支付研发费确认工作，只有这两项系统操作完成后，研发工作才算完成，等待切换到下一个虚拟日之后，企业就具备了生产该种产品的资质。

二、招聘生产工人

在自主经营阶段，不管是企业扩大再生产还是生产高端产品，都需要有一定数量或级别的工人，就可能涉及生产工人的招聘问题，该任务由人力资源经理发起。

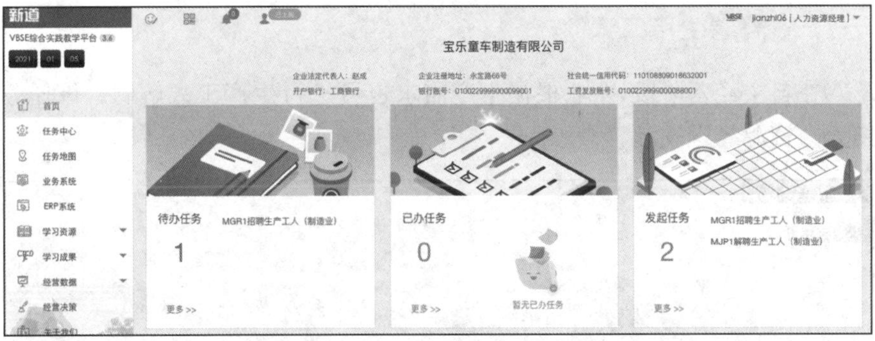

招聘生产工人的业务流程如下：

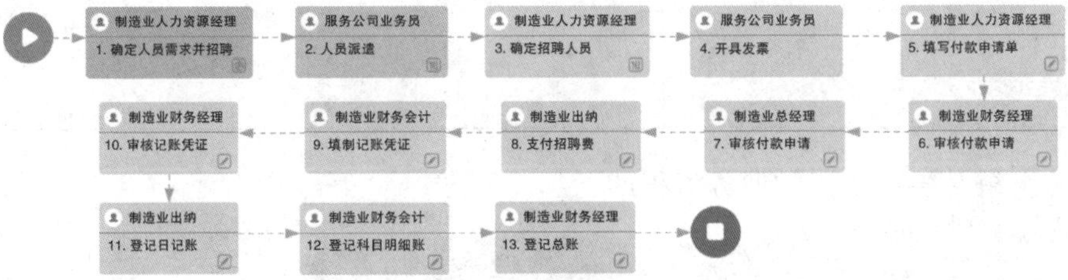

服务公司业务员通过业务操作入口，根据企业招聘需求进行人员派遣，企业需要支付服务公司招聘费，初级工招聘费每人 1 000 元，中级工招聘费每人 1 200 元，高级工招聘费每人 1 400 元。

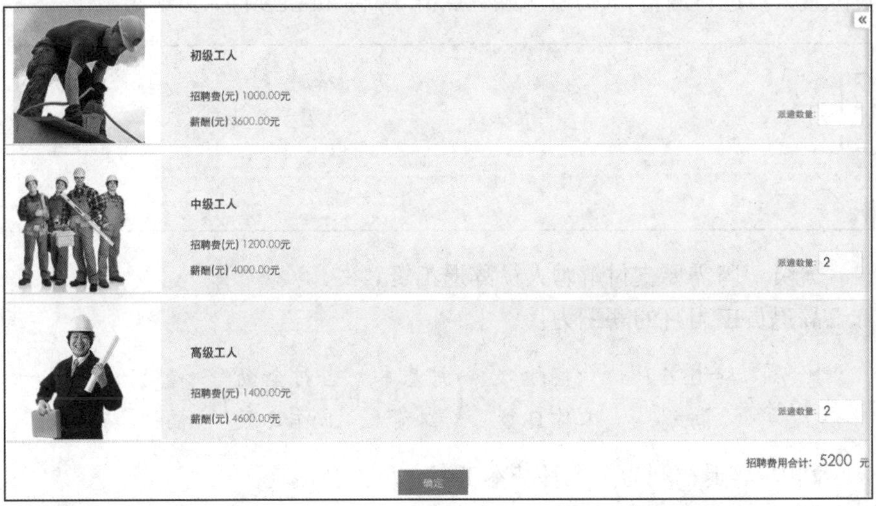

服务公司操作完成后，人力资源经理在系统中进行招聘确认。

招聘确认

序号	派遣公司	初级工人(名)	中级工人(名)	高级工人(名)	招聘费(元)	状态	操作
1	宝乐童车制造有限公司	0	2	2	5300.00	待确定	

人员招聘完成之后，下个月公司需要根据最新的员工信息进行工资计算发放、个税申报缴纳、五险一金缴纳。

三、解聘生产工人

在自主经营阶段,企业根据生产需求也可进行生产工人解聘。该任务由人力资源经理发起。

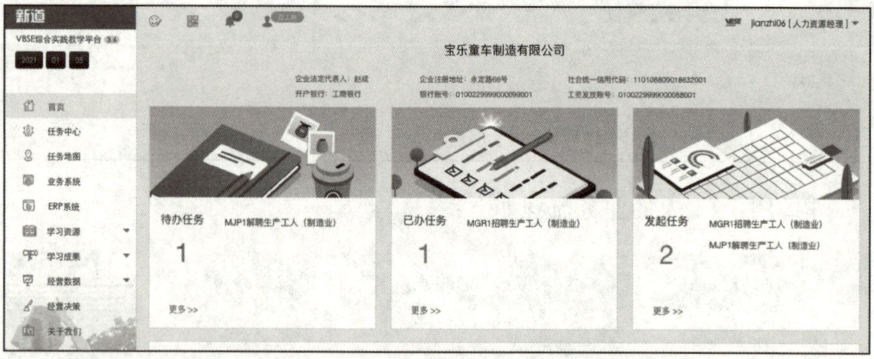

解聘生产工人的业务流程如下:

人力资源经理通过业务操作,选择将要解聘的员工,这些员工需要处于离岗状态方可解聘,离岗状态需要企业车间管理员在业务系统中通过生产线人员配置入口进行调整,人力资源经理点击“解聘”按钮进行人员解聘工作。

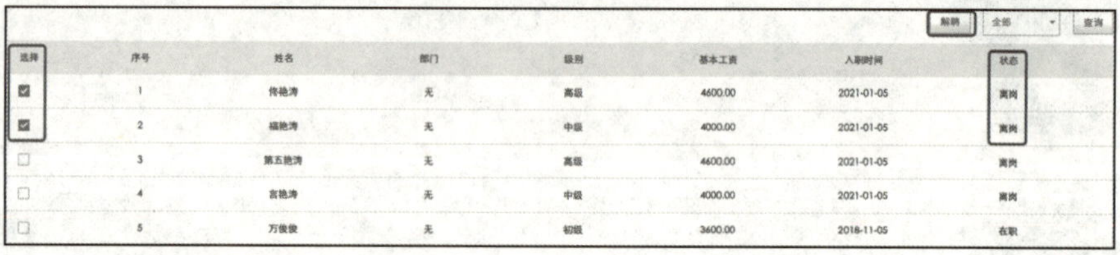

解聘 全部 查询

选择	序号	姓名	部门	级别	基本工资	入职时间	状态
☑	1	佟艳涛	无	高级	4600.00	2021-01-05	离岗
☑	2	福艳涛	无	中级	4000.00	2021-01-05	离岗
☐	3	第五艳涛	无	高级	4600.00	2021-01-05	离岗
☐	4	宫艳涛	无	中级	4000.00	2021-01-05	离岗
☐	5	万俊俊	无	初级	3600.00	2018-11-05	在职

人员解聘需要支付解聘人员辞退工资。

辞退员工当月的薪酬为:

$$\text{辞退当月薪酬} = \text{实际工作日数} \times \left(\frac{\text{月基本工资}}{\text{当月全勤工作日数}}\right) + \text{辞退福利}$$

其中,辞退福利为三个月基本工资。

辞退福利会计分录如下:

(1) 计提时:

借:管理费用

　贷:应付职工薪酬

(2) 发放时:

借:应付职工薪酬

　贷:银行存款

劳动报酬部分仍然记入相关存货成本中。

四、社会保险和公积金增(减)员

企业招聘或解聘职工,需要调整更新社保局的职工信息。该项任务由制造企业人力资源助理发起。

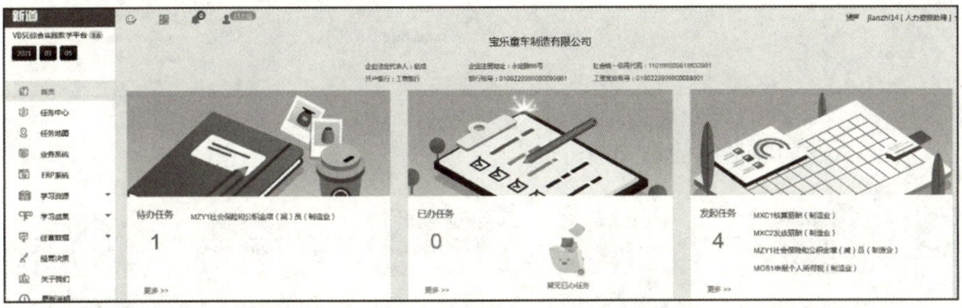

社会保险和公积金增(减)员的业务流程如下:

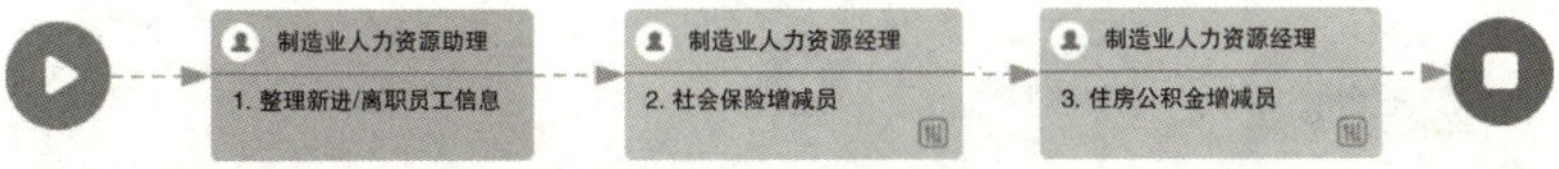

人力资源经理通过业务操作,点击“增行”,在系统中进行人员增加,之后点击“保存”,或者点击删除标志进行人员减少。

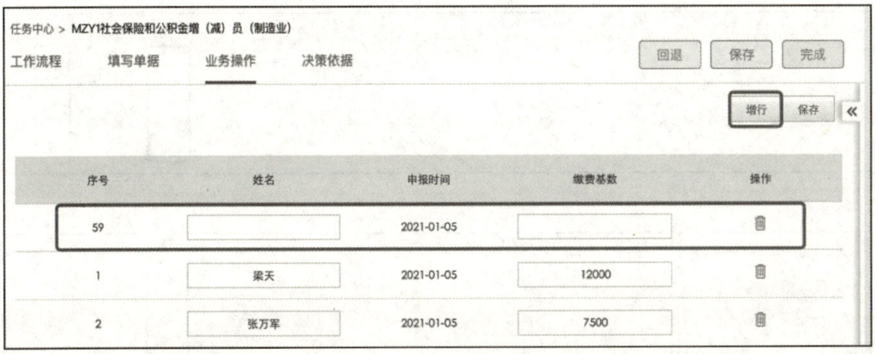

五、出售设备

在自主经营阶段,企业根据生产需求可以进行生产设备的出售。该任务由制造企业采购员发起。

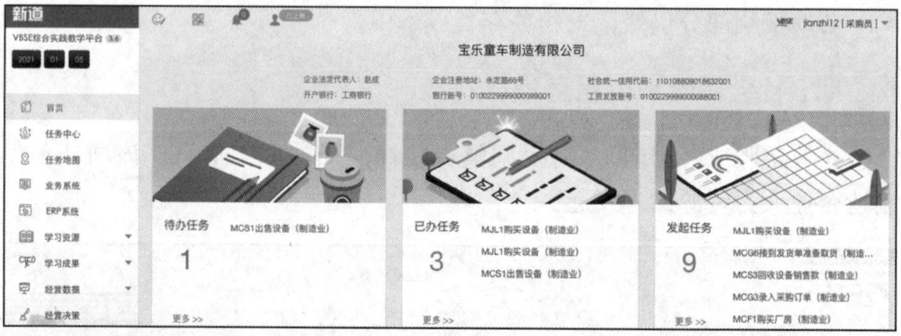

出售设备的业务流程如下：

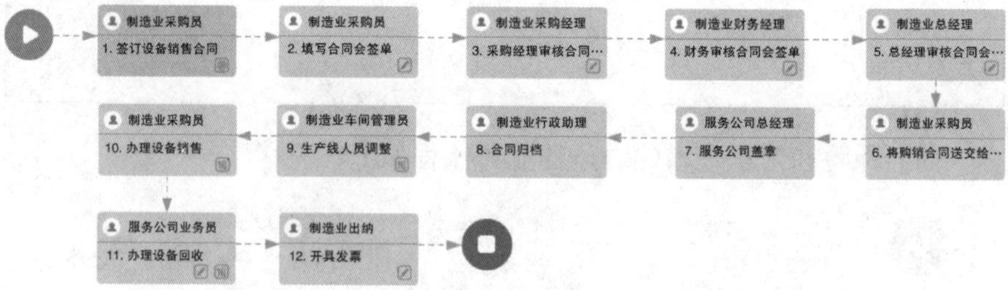

出售设备之前车间管理员需要通过生产线人员配置，将要出售的设备中人员设置为离岗状态。

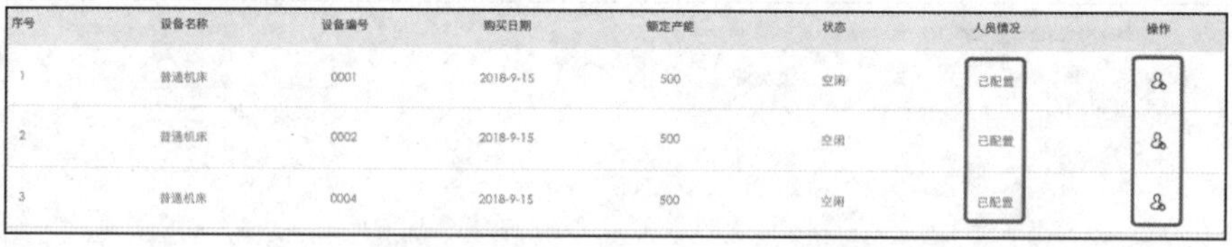

序号	设备名称	设备编号	购买日期	额定产能	状态	人员情况	操作
1	普通机床	0001	2018-9-15	500	空闲	已配置	
2	普通机床	0002	2018-9-15	500	空闲	已配置	
3	普通机床	0004	2018-9-15	500	空闲	已配置	

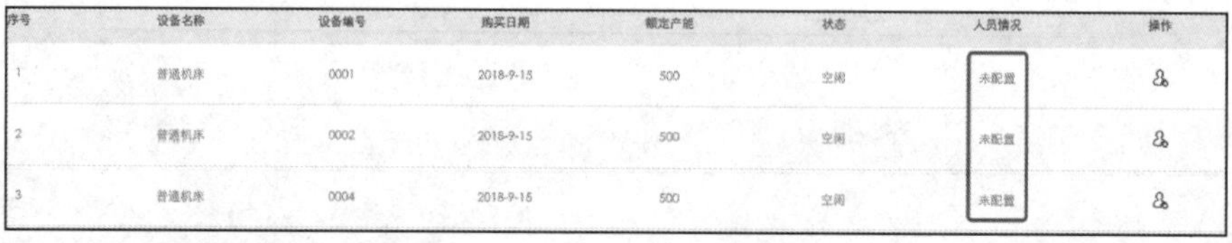

序号	设备名称	设备编号	购买日期	额定产能	状态	人员情况	操作
1	普通机床	0001	2018-9-15	500	空闲	未配置	
2	普通机床	0002	2018-9-15	500	空闲	未配置	
3	普通机床	0004	2018-9-15	500	空闲	未配置	

此时将要出售设备的人员情况显示为“未配置”。

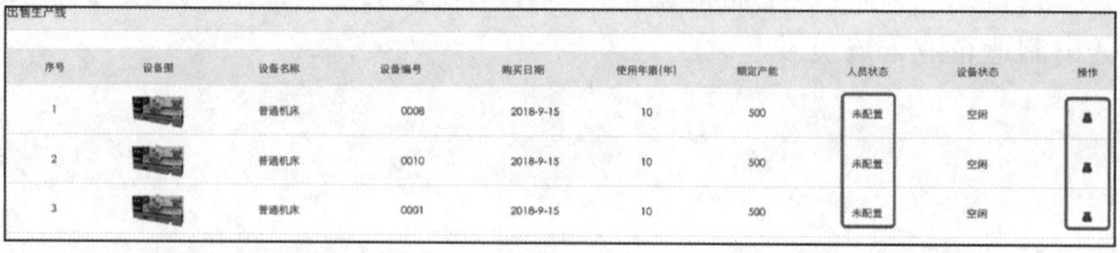

出售生产线

序号	设备图	设备名称	设备编号	购买日期	使用年限(年)	额定产能	人员状态	设备状态	操作
1		普通机床	0008	2018-9-15	10	500	未配置	空闲	
2		普通机床	0010	2018-9-15	10	500	未配置	空闲	
3		普通机床	0001	2018-9-15	10	500	未配置	空闲	

人员调离后，车间管理员在系统中将对应的设备出售。设备的出售价格为设备的账面价格，账面价格为设备的原值减累计折旧，即设备的出售不存在资产处置损益，可简化本年利润结转。

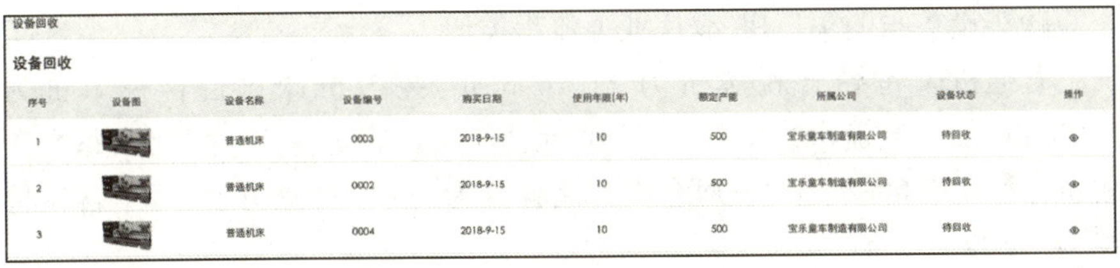

服务公司业务员在系统中操作回收设备。

六、购买设备

企业根据生产需求进行生产设备的购买，该任务由制造企业采购员发起。

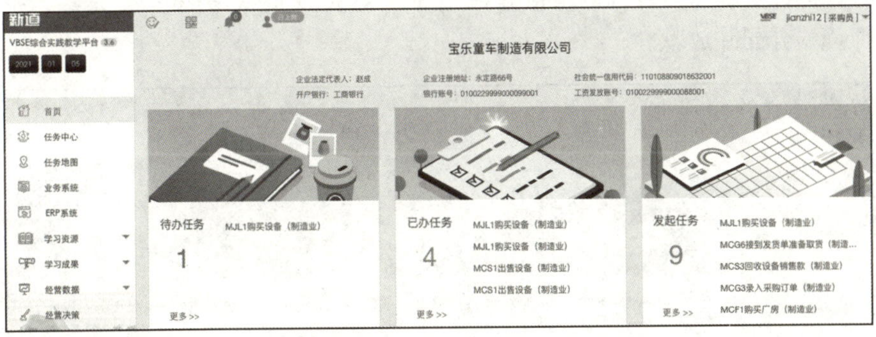

购买设备的业务流程如下：

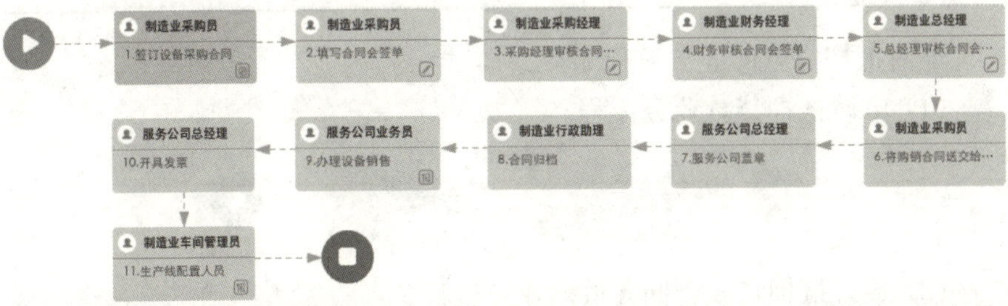

在购买设备的业务流程中，只需要服务公司业务员登录 VBSE 系统为采购企业选择相应的设备。

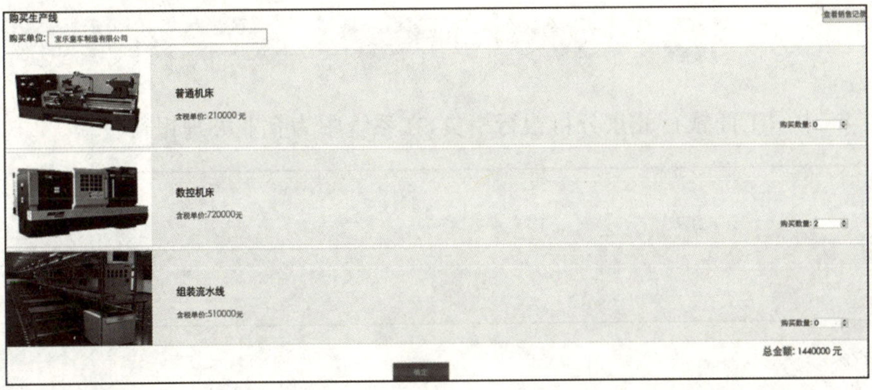

购买设备与购买厂房、仓库业务流程类似。

普通机床每台含税单价为 210 000 元，数控机床每台含税单价为 720 000 元，组装流水线每条 510 000 元。小厂房容量为 12 个工位，每个含税价格为 480 0000 元。普通仓库存储容量为 300 000 立方米，每个含税价格为 5 400 000 元。

七、申请抵押贷款

抵押贷款业务由财务经理发起，根据期初的财务预算，可向银行办理抵押贷款。

抵押贷款需要发起两个任务，一个是申请抵押贷款，另外一个是签订抵押贷款合同并放款。

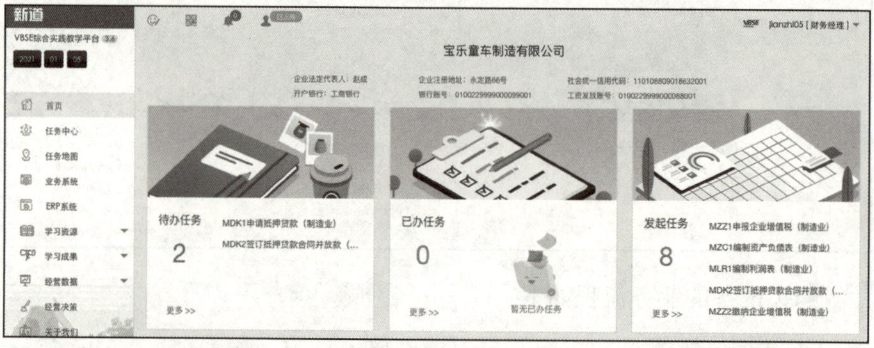

申请抵押贷款的业务流程如下：

（1）申请抵押贷款业务流程。

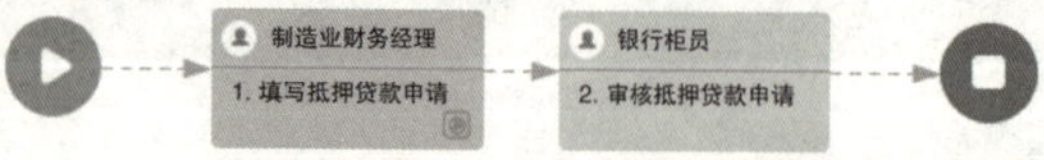

（2）签订抵押贷款合同并放款业务流程。

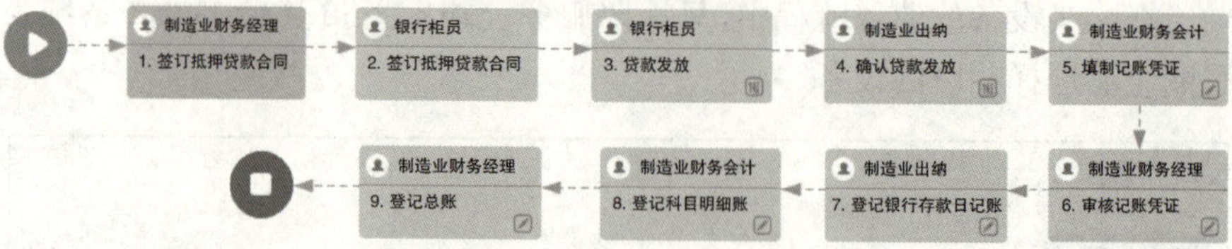

中国工商银行北京分行银行柜员，在系统中为企业办理银行贷款。

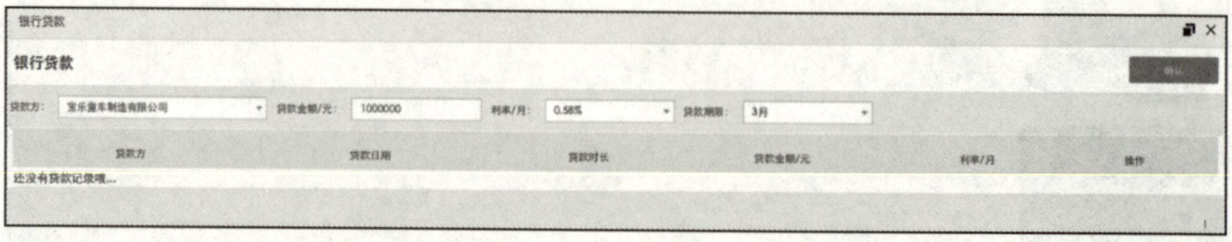

附件

实训所用主要单据

银企代发工资合作协议

甲方：

乙方：

甲乙双方本着相互支持、共同发展的原则，经过友好协商，就“代发工资”合作事宜，达成如下协议：

第一条 乙方接受甲方委托，代理甲方按月以转账方式向甲方职工发放工资(以下简称工资代发)。

第二条 甲方在委托乙方工资代发的基础上与乙方开展全面业务合作，包括结算业务、公司业务、信用卡业务等。

第三条 甲方在乙方开立结算账户，作为工资款项划转的账户，账户利率为国家规定的一般企业活期存款利率。甲方的职工在乙方分别开立人民币个人结算账户，作为工资划入账户。甲方向乙方提交相应的证明文件，并承诺所提供的开户资料真实、有效，如有伪造、欺诈，甲方承担法律责任。

第四条 甲方负责告知职工开立的工商银行个人结算账户，对账户的开立、使用和撤销须遵守《人民币银行结算账户管理办法》及相关法律法规的规定。乙方负责提供银行个人结算账户的代发(代扣)等服务。该账户一经开立不得擅自销户和改变，如果职工存折遗失可由职工本人办理挂失换折；如果职工更换了代发工资账户，需由甲方相应修改职工代发工资账户，否则引起的一切后果由甲方承担。

第五条 甲方严格执行央行《人民币银行结算账户管理办法》第四十条规定，并向其开户银行提供相应的付款依据。同时，保证结算账户有充足的资金支付工资代发的转账要求，并授权乙方根据委托代发工资金额自动扣划结算账户。往来账户为：________。甲方结算账户不足以支付工资金额的转账要求时，乙方不垫资转账，由此产生的经济纠纷由甲方负责处理。

第六条 手续费支付方式。每月____日(节假日顺延)，甲方根据工资代发的笔数，按照每笔____元向乙方支付手续费，付款方式采用甲方主动转账到乙方指定账户(511040

科目，具体账户请与会计部门落实），如甲方未能按时支付乙方手续费，按照每日 3‰向乙方支付滞纳金。

第七条 工资代发程序。乙方向甲方提供对数据文件进行加密的“企业模块”程序，甲方根据双方明确定义的数据格式生成加密数据磁盘，于每月____日将本月代发工资加密磁盘、票据、明细交接清单一式两联交给乙方，乙方负责审核磁盘文件的有效性，负责核对磁盘代理分户金额的合计数及笔数与票据金额或明细交接清单合计金额及笔数是否相符。甲乙双方在明细交接清单上签字、盖章，并各自留存一份。乙方以此作为转账的依据。

第八条 为保证甲方代理款项的数据安全，乙方不得修改甲方数据。甲方对磁盘数据的真实性、有效性进行负责，如因甲方提供的账户信息不准确或因甲方的其他原因而产生的差错，由甲方承担责任。

第九条 乙方根据甲方的申请，进行款项转账。如因乙方原因不能及时处理账务信息，乙方对由此产生的后果负责。

第十条 代理业务账务处理次日，乙方将不成功的明细流水传递给甲方，并协助甲方查询不成功的原因。

第十一条 本协议期限为一年，自______年____月____日起到______年____月____日止。如一方出现违约，另一方有权随时终止本协议，由此造成的损失由违约方承担。甲乙双方在协议执行过程中如有异议，需提前 15 天提出修改意见，经双方协商后生效。

第十二条 本协议一式两份，甲乙双方各执一份。经甲、乙方签字盖章后生效。

甲方（公章）	乙方（公章）
法定代表人（签字） （或授权代理人）	法定代表人（签字） （或授权代理人）
年　　月　　日	年　　月　　日

购销合同

合同编号：

购货单位(甲方)：

销货单位(乙方)：

为了保护买卖双方的合法权益，买卖双方根据《中华人民共和国合同法》的有关规定，经友好协商，一致同意签订本合同，共同遵守。

第一条　购销明细：双方就以下产品达成购销合同。

序号	产品名称	规格型号	含税单价	数量	金额(元)	交货日期	付款日期
1							
2							
3							
4							
5							
6							
7							
8							
9							
10							
合计							

合同总金额大写人民币：________________

第二条　交货时间与付款时间：________________

第三条　交货地点：________________

第四条　付款方式：________________

第五条　开票要求：________________

第六条　付款条件(客户)：________________

第七条　发货条件(供应商)：________________

第八条　运输方式与运输费用：________________

____

第九条　甲方要求乙方通过以下资质认证(选择对应选项)。

☐ 不作要求　☐ ISO 9000　☐ ISO 14000　☐ 3C

第十条 经济责任：

1. 产品品种、质量不符合本合同规定时，甲方拒绝接受，乙方承担相应费用。
2. 乙方未按本合同规定的产品数量交货时，发生延期交货的当期，扣除该张订单总额的 10%作为违约罚款。对于未能按期交货的部分，可以在三个月之内补齐。如果在三个月之内未能全部交货，未能交货部分甲方不再收货。

第十一条 甲、乙任何一方如要求全部或部分注销合同，必须提出充分理由，经双方协商，提出注销合同一方须向对方偿付注销合同部分总额 10%的补偿金。

第十二条 本合同所订一切条款，甲、乙任何一方不得擅自变更或修改。如一方单独变更、修改本合同，对方有权拒绝生产或收货，并要求单独变更、修改合同一方赔偿一切损失。

第十三条 甲、乙任何一方如确因不可抗力的原因，不能履行本合同时，应及时向对方通知不能履行或须延期履行或部分履行合同的理由。在取得有关机构证明后，本合同可以不履行或延期履行或部分履行，并全部或者部分免予承担违约责任。

第十四条 本合同在执行中如发生争议或纠纷，甲、乙双方应协商解决，解决不了时，双方可向仲裁机构申请仲裁或向人民法院提起诉讼(两者选一)。

第十五条 本合同自双方签章之日起生效，到乙方将全部订货送齐，经甲方验收无误，并按本合同规定将货款结算以后作废。

第十六条 本合同在执行期间，如有未尽事宜，由甲乙双方协商，另订附则附于本合同之内，所有附则在法律上均与本合同具有同等效力。

第十七条 本合同一式两份，由甲、乙双方各执正本一份。

甲方：　　　　　　(盖章)	乙方：　　　　　　(盖章)
法定代表人：　　　(盖章)	法定代表人：　　　(盖章)
委托代理人：　　　(盖章)	委托代理人：　　　(盖章)
地　　址：	地　　址：
电　　话：	电　　话：
签订日期：	签订日期：

新道科技股份有限公司　网址:www.seentao.com　电话:4006600599　编码:DJ0006　2/2

新道 seentao 教学专用

发　货　单

新道科技股份有限公司　网址：www.seentao.com　电话：4006600599　编码：DJ0012

单据编号：　　　　日　　期：　　　　交货日期：

销售订单号：　　　　客户名称：　　　　仓　　库：

业　务　员：　　　　运输方式：　　　　联　系　人：

产品名称	产品型号	发货数量	备　注
合　计			

第一联：营销部留存

营销部经理：　　　　财务部经理：　　　　客户确认：

新道 seentao 教学专用

销售出库单

新道科技股份有限公司　网址：www.seentao.com　电话：4006600599　编码：DJ0026

销售订单号：　　　　客户名称：　　　　出库类型：

出库单编号：　　　　出库日期：　　　　仓　　位：

序号	产品名称	产品编号	规格型号	出库数量	备　注
1					
2					
3					
4					
5					
合计					

第一联：仓储部存根

仓管员：　　　　仓储部经理：　　　　销售专员：

采购合同执行情况表

制表部门：　　　　　　　　　　　　编制日期：　　年　　月　　日

合同编号	合同总数	订单编号	供应商名称	物料编码	物料名称	计量单位	订货日期	订货数量	单价	总金额	计划交期	计划付款	已到数量	入库数量	不合格数量	到货日期	应付金额	已付金额	实际付款	开票情况	开票时间	备注

采购部门经理：　　　　　　　　采购员：

新道 seentao 教学专用

生产入库单

制单日期:　　　　　　　　　　仓　　库:

单据编号:　　　　　　　　　　完工单编号:

序号	品 名	规格型号	单位	入库时间	数量	备注
1						
2						
3						
4						
5						
合计						

第一联：仓储部存根

仓储部经理:　　　　　　仓管员:　　　　　　车间管理员:

新道 seentao 教学专用

原材料入库单

制单日期：　　　　　　　　　　仓库:

供应商名称:　　　　　　　　　类型:

单据编号:　　　　　　　　　　采购订单号:

序号	品 名	规格型号	单位	入库时间	数量	备注
1						
2						
3						
4						
5						
合计						

第一联：仓储部存根

仓储部经理:　　　　　　仓管员:

物料检验单

编号:　　　　　　　　　　　　　　　检验日期:　　　年　　月　　日

供应商名称			
检验依据		到货日期	

物料明细		
物料名称	规格型号	数量

检验方式：　抽检□　全数检验□	合 格 率	
检验结果:　合格□　不 合 格□	检验结果	

不 良 记 录			
序号	数量	不 良 原 因	备 注

主管:　　　　　　　　　　质检员:

新道 seentao 教学专用

材料出库单

单据编号：　　　　　　　　　　　　出库类型：

出库日期：　　　　　　　　　　　　派工单号：

序号	物料名称	物料编码	出库数量	单价	金额	备注
1						
2						
3						
4						
5						
合计						

第一联：仓储部存根

仓管员：　　　　　　仓储部经理：　　　　　　车间管理员：

新道 seentao 教学专用

运输订单

运单号：									
托运人		地址		电话		邮编		装货地点	
收货人		地址		电话		邮编		卸货地点	
取货时间		到货时间		是否取送	□ 取货 □ 送货	签单返回	□ 运单 □ 客户单据	需要车种	
序号	货名称品	单位	体积（立方米）	重量（公斤）	数量	备注	费用		
1							运费		
2							杂费		
3							保险费		
合计：							运杂费合计：		
结算方式	□ 托运人现结 □ 托运人月结 □ 收货人现结 □ 收货人月结 □ 第三方付费					预收款		付费账号	

制单人：　　　　　　受理日期　　　　　　受理单位

货物运输合同

甲方(托运人)：________________

乙方(承运人)：________________

甲、乙双方经过协商，根据合同法有关规定，订立货物运输合同，条款如下：

一、货物运输期限从______年____月____日起到______年____月____日为止。

二、货物运输期限内，甲方委托乙方运输货物，运输方式为________运输，具体货物收货人等事项，由甲、乙双方另签运单确定，所签运单作为本协议的附件与本协议具有同等的法律效力。

三、甲方须按照货物买卖合同约定的标准对货物进行包装。

四、乙方须按照运单的要求，在约定的期限内，将货物运到甲方指定的地点，交给甲方指定的收货人。

五、甲方支付给乙方的运输费用由________确定，乙方将货物交给甲方指定的收货人及开具全额运输费用之日起____日内甲方支付全部运输费用。

六、乙方在将货物交给收货人时，同时应协助收货人亲笔签收货物以作为完成运输义务的证明。如乙方联系不上收货人时，应及时通知甲方，甲方有责任协助乙方及时通知收货人提货。

七、乙方应对甲方交付乙方承运的货物予以高度重视，避免暴晒、雨淋，确保包装及内容物均完好按期运达指定地。运输过程中如发生货物灭失、短少、损坏、变质、污染等问题，乙方应确认数量并按照甲方购进或卖出时的价格全额赔偿。

八、因发生自然灾害等不可抗力因素造成货物无法按期运达目的地时，乙方应将情况及时通知甲方并取得相关证明，以便甲方与客户协调；非因自然灾害等不可抗力因素造成货物无法按时到达的，乙方须在最短时间内运至甲方指定的收货地点并交给收货人，且赔偿逾期承运给甲方造成的全部经济损失。

九、本协议未尽事宜，由双方协商解决，协商不成，可向甲方住所地法院提起诉讼。

十、本协议一式两份，双方各持一份，经双方签字盖章后生效。

托运人签字盖章：	承运人签字盖章：
托运人：	承运人：
法定代表人：	法定代表人：
地址：	地址：
传真：	传真：
开户行：	开户行：
账户：	账户：

签署日期：

公路货物运单

新道 seentao 教学专用

	日期：							运单编号：			
发货人		地址		电话		装货地点					
收货人		地址		电话		卸货地点					
付款人		地址		电话		约定起运时间		约定到达时间		需要车种	
货物名称及规格	包装形式	件数	体积 长*宽*高（cm）	件重（kg）	重量（t）	货物价值（元）	货物等级	计费项目			
								项目	里程（km）	单价（元）	金额（元）
								运费			
								装卸费			
								单程空驶损失费			
								保价费			
合计					零万　伍　仟　玖　佰　拾　壹　元整						
托运人记载事项			（付款人银行账号）			承运人记载事项			（承运人银行账号）		
注意事项	1、托运人请勿填写栏内项目。 2、货物名称应填写具体品名，如货物品名过多，不能再托运单内逐一填写，必须另附货物清单。 3、保险或保价货物，在相应价格栏中填写货物声明价格							托运人签章： 年　月　日		承运人签章： 年　月　日	

第一联　受理存根

新道科技股份有限公司　网址：www.seentao.com　电话：4006600599　编码：DJ0198

新道 seentao 教学专用

派　工　单

派工部门：

派工单号：　　　　派工日期：　年　月　日

产品	工序	工序名称	工作中心	生产数量	计划进度	
					开始日期	完工日期

第一联：生产计划部留存

生产计划部经理：　　　　车间管理员：

新道科技股份有限公司　网址：www.seentao.com　电话：4006600599　编码：DJ0055

完　工　单

生产部门：

完工单号：　　　　　　　　　　　　　　编制日期：　　　年　　月　　日

产品名称	完工日期	计划产量	实际完工量	剩余在制品	待检验	不良产品数

第一联：生产计划部留存

部门经理：　　　　　　　　　　车间管理员：

新道 教学专用
seentao

完工送检单

送检部门：

单据编号：　　　　　　　　　　　　　　送检日期：　　　年　　月　　日

派工单号	成品名称	完工数量	检验结果	
			合格品	不合格品

第一联：车间管理员留存

质检员（计划员）：　　　　　　　　　　车间管理员：

新道 seentao 教学专用

领　料　单

领料部门：　　　　领料单号：　　　　派工单号：　　　　编制日期：　　年　　月　　日

序号	材料编码	材料名称	单　位	材料规格	加工产品	领用数量	领用时间	备　注

第一联：生产计划部留存

仓储部：　　　　部门经理：　　　　车间管理员：

新道科技股份有限公司　网址：www.seentao.com　电话：4006600599　编码：DJ0057

支出凭单

部门：　　　　　　　　　　年　　月　　日　　预算项目：

即　付：________________________________

________________________________款

计人民币
（大写）：________________________ ¥ ________

领款人：____________

会计主管		出纳	

部门经理：　　　　　　财务部经理：　　　　　　总经理：

采购入库单

制单日期：　　　　　　　　　　仓　　库：
供应商名称：　　　　　　　　　类　　型：
单据编号：　　　　　　　　　　采购订单号：

序号	品　名	规格型号	单位	入库时间	数量	备注
1						
2						
3						
4						
5						
合计						

第一联：仓储部

仓储部经理：　　　　　　仓管员：

新道 seentao 教学专用

销售订单明细表

单位：元

销售合同编号	订单号	客户名称	产品名称	市场	数量	单位	单价	合同约定交货期	合同约定回款期	货款额

编制人：　　　　编制日期：　　年　　月

说明：一式一联，销售部存。

新道科技股份有限公司 网址：www.seentao.com 电话：4006600599 编码：DJ0008

采　购　订　单

供应商名称：　　　　采购类别：　　　　合同编号：

付 款 方 式：　　　　订单编号：　　　　制单日期：

序号	品名	规格	单位	到货时间	数量	单价	折扣率	金额小计
1								
2								
3								
4								
5								
金额合计	(大写)：					(小写)：		
备　注								

第一联：仓储部留存

采购部经理：　　　　采购员：

广告投放申请

编号：					日期：
申请单位：					委托单位：
投放区域：	□北部	□南部	□西部	□东部	□中部
投放金额：			￥：		
经办人：					日期：
财务经理意见：					日期：
总经理意见：					日期：
备注：					签章（公章）：

注：投放广告费时，需要先开拓对应的市场，否则广告费无法投放。

合　同　管　理　表

合同类别：______________

合同/协议编号	合作单位	签约日期	截止日期	合同/协议主要内容	金额	份数/联次

新道科技股份有限公司　网址：www.seentao.com　电话：4006600599　编码：DJ0047

记账凭证

字第　号

年　月　日

摘要	科目		借方金额											贷方金额											
	总账科目	明细科目	亿	千	百	十	万	千	百	十	元	角	分	亿	千	百	十	万	千	百	十	元	角	分	
合　计																									

附单据　张

会计主管：　记账：　出纳：　复核：　制单：

借　款　单

部门：　年　月　日

借款用途 ____________________

借款金额

人民币（大写）____________________ ¥ ________

☐现金　☐支票　☐电汇

财务部经理：　总经理：　部门经理：　借款人：

新道 教学专用 seentao

借记卡集体申领登记表

单位名称		单位地址	
负责人姓名		联系电话	
本单位愿意集体申领借记卡，保证提供的下述资料真实可靠。			

序号	姓名	拼音姓名	性别	证件名	证件号码	联系地址	邮编	联系电话
1								
2								
3								
4								
5								
6								
7								
8								
9								
10								
11								
12								
13								
14								
15								
16								
17								
18								
19								
20								
21								
22								
23								
24								
25								
26								
27								
28								
29								
30								

签章：

日期：

新道科技股份有限公司 网址：www.seentao.com 电话：4006600599 编码：DJ0218

新道 seentao 教学专用

库存台账

本帐页数
本户页数

物料名称：　　　　　　规格：　　　　　　最高存量：

物料编号：　　　　　　仓位：　　　　　　最低存量：

年		凭证号数	摘　要	入库		出库		结存	
月	日			数量	单价	数量	单价	数量	单价

税总函〔2015〕340号北京印制有限公司

3601559117 **北京增值税专用发票** №

（全国统一发票监制章 北京 国家税务总局监制）

发票联

机器编号： 开票日期：

购买方	名　　称： 纳税人识别号： 地 址、电 话： 开户行及账号：			密码区	035926>3>2<0230937-8>1*26906 374*91/- +588247>>/*6+>-89233 785926>3>2<0230937*57+89>097 4/ 737-++ 690195*6067/ /42+2-72		
货物或应税劳务、服务名称	规格型号	单位	数量	单价	金额	税率	税额
合　计							
价税合计（大写）					（小写）		
销售方	名　　称： 纳税人识别号： 地 址、电 话： 开户行及账号：			备注			

收款人： 复核： 开票人： 销售方：（章）

第三联：发票联 购买方记账凭证

主生产计划表

制表部门：

单据编号： 编制日期：　　年　　月　　日

月份 / 预计产量 / 名称	1月	2月	3月	4月	5月	6月	7月	8月	9月	10月	11月	12月	1月	2月	3月

生产计划部经理： 计划员：

第一联：生产计划部留存

新道 seentao 教学专用

销售订单汇总表

编制日期：　　　年　　月　　日

产品名称	数量	单位	合同约定交货日期	货品型号

第一联：营销部留存

说明：一式两联，销售、生产各一联

新道科技股份有限公司　网址：www.seentao.com　电话：4006600599　编码：DJ0009

生产执行情况表

编制部门：　　　　　　　　　　　　　　　　　　　　编制日期：　　年　　月　　日

派工单号	产品名称	领料情况	开工数量	完工数量	开工日期	计划完工日期	完工日期	在产品数量	完工入库数量	产品入库日期	备注

车间管理员：

销售发货明细表

合同编号	单据编号	销售订单编号	客户简称	产品名称	订单总数	数量（辆）	单位	货款额（元）	合同约定交货期	合同约定回款期	实际发货数量	发票开具情况	回款额(元)	订单执行情况

编制人：　　　　　　　　　　　　　　　　　　　　编制日期：　　年　　月

说明：一式一联，销售部存。

新道 seentao 教学专用

合同会签单

单据编号：　　　　　　　　　　　　　　　　会签日期：　　　年　　月　　日

送签部门		签约人：	承办人：	电　话： E-mail:
合同名称			对方单位	
合同主要内容			合同金额（大写）	
业务部门审批意见	部门经理：			日期：
财务部审批意见	财务经理：			日期：
总经理审批意见	总经理：（付款金额1万以上的由总经理审批）			日期：
争议解决				
归档情况				

新道科技股份有限公司　网址：www.seentao.com　电话：4006600599　编码：DJ0001

实训用全部单据。

各组织单据